国家数字化学习工程技术研究中心　组编
杨宗凯　总主编

信息技术与教学创新

杨宗凯　刘三妍　著

华中师范大学出版社

新出图证(鄂)字 10 号
图书在版编目(CIP)数据

信息技术与教学创新/杨宗凯,刘三妍 著. —武汉:华中师范大学出版社,2017.7 (2018.4 重印)
("信息技术与教育教学深度融合"系列丛书/杨宗凯主编)

ISBN 978-7-5622-7831-3

Ⅰ.①信… Ⅱ.①杨… ②刘… Ⅲ.①计算机辅助教学—教学研究 Ⅳ.①G434

中国版本图书馆 CIP 数据核字(2017)第 147284 号

信息技术与教学创新

杨宗凯 刘三妍 著©

责任编辑:刘满元 **责任校对**:李 蓉 **封面设计**:张 媛 洪 青
选题策划:基础教育分社 **电话**:027-67862387
出版发行:华中师范大学出版社有限责任公司
社址:湖北省武汉市洪山区珞喻路 152 号 **邮编**:430079
销售电话:027-67863040 **传真**:027-67863291
网址:http://press.ccnu.edu.cn **电子信箱**:press@mail.ccnu.edu.cn
印刷:湖北卓冠印务有限公司 **督印**:王兴平
字数:150 千字
开本:710mm×1000mm 1/16 **印张**:9.5
版次:2017 年 7 月第 1 版 **印次**:2018 年 4 月第 2 次印刷
定价:36.00 元

欢迎上网查询、购书

总　序

当前，我国正处在从教育大国向教育强国迈进的关键阶段，虽然目前的教育发展水平有了明显的提高，但依然面临着促进教育公平、提升创新能力、完善终身教育体系等一系列挑战。信息化对解决制约我国教育发展的瓶颈问题具有重大意义，信息技术助力教与学突破时空限制，使扩大优质教育资源覆盖面变得更为快捷、方便。利用信息化手段改造传统课堂，对提高教育质量、改善教育供给、培养创新人才具有明显的促进作用，而互联网、云计算、大数据等信息技术则为构建终身教育体系提供了重要支持平台。

正因为如此，教育信息化受到了党和政府的高度重视。“十二五”初期，我国发布了《教育信息化十年发展规划（2011—2020 年）》，对教育信息化工作进行了整体设计和部署。随后，教育部出台了“三通两平台”、教学点数字教育资源全覆盖和教师信息技术应用能力提升培训等一系列重大举措。2016 年 6 月，教育部发布了《教育信息化“十三五”规划》，对推进信息技术与教育教学深度融合提出明确要求。当前，我国正研究制订“中国教育现代化 2030”战略，进一步勾勒出教育信息化的发展蓝图及其在教育现代化进程中的重要地位。

经过“十二五”的发展，我国推进教育信息化已取得了显著的阶段性成果，初步完成了“三通两平台”的阶段性发展目标，全国大部分学校已经具备信息化条件下的基本教学环境，普遍实现了初步应用。在“十三五”阶段，我们要面对的重要课题将是进一步深化应用融合，这包括两方面含义：一方面是要继续补齐短板，普及基础条件；另一方面要促进信息技术在教育教学中的广泛、深入应用，并逐步实现信息技术与教育的深度融合。

“融合”的核心，不是用技术去强化传统教学，而是用技术去创新教学，引领教育体系变革。主要包括以下四个方面：

1. 教学模式的改进。教学过程中学生、教师等各类主体高度互动、密切协同，教与学的基本形态彻底变革，逐步形成信息化条件下与学习者认知规律和能力发展需求相适应的新型教与学模式。例如：江苏省苏州市推行的信息化教改试验，在 7 所学校建成 16 个信息化教改实验班，试点班所有日常教学活动都采用信息化手段进行深度改造，实现课内课外、家庭学校之间的高度互动，支撑以学生为中心的个性化学习，部分学科的教学质量已有了明显提升。

2. 学习环境的创新。学校网络带宽接入水平、装备条件等，都应逐步纳入学校校舍等基础设施建设的标准范围内。教学所需的物理空间、资源空间和社交空间应整合到一个环境中，为教学提供无缝支持服务，实现实体课堂和在线课堂的一体化。例如：华中师范大学国家数字化学习工程技术研究中心研发了云端一体化的未来教室，教师基于教育云的混合式课堂教学在全国已经推广两年，展现出明显好于单一实体课堂的教学效果。

3. 平台服务的整合。目前我们已经初步完成教育资源公共服务平台和教育管理公共服务平台的建设，但整合不够。静态数据主要存储在管理平台，动态数据主要存储在资源平台。在后续发展中，将逐步注重资源平台和管理平台的融合发展，支持利用大数据的伴随式数据采集和过程评价。

4. 师生能力的提升。当前教师的教学能力、学生的学习素养以及校长和各级领导的信息化领导力都有待进一步提升。教师应该成为信息化条件下教学活动的构造者、促进者、辅导者以及学习活动的组织者；学生若要成为合格的数字公民，应提高应对信息技术浪潮的能力；领导者则应该具备良好的规划、组织、评估的能力。“十二五”期间，教育部启动了教师信息技术应用能力提升工程，计划对一千多万名教师完成每人 50 学时的轮训，目前成效比较显著，但是大部分教师对信息技术的应用还停留在较为浅层次的阶段，能够利用信息技术创新教学的还比较少，有待进一步提高。

目前我国教育信息化尚处于“应用”阶段，正向“融合”阶段迈进。由此可以预见，未来十年要重点推进的是信息技术与教育教学的融合。教师作为信息化应用的直接推动者，其信息技术应用能力的高低直接影响着教学中应用信息技术的程度。

华中师范大学以国家数字化学习工程技术研究中心和教育大数据应用技术国家工程实验室为依托，开展了国家科技支撑计划“教育云规模化应用示范”项目的研究与实践，一直深耕在智慧教室、教育云、教育大数据等信息技术与中小学学科深度融合的理论与实践一线，在苏州、新疆、深圳、湖北、四川、海南等地积极进行着“信息技术革新教育”的创新探索与实践，为实现我国中长期教育改革与发展规划纲要的战略目标做出贡献。

在一线信息化教学应用实践过程中，我们组织参与融合实践的专家学者、中小学教育管理者与一线教师，共同围绕“信息技术与教育教学深度融合”这个主题，反思教育教学创新与实践中的成功经验与存在的问题，并进一步总结形成教学理论，撰写编制本套系列丛书，主要为一线教育工作者及管理者、中小学教师提供信息技术与教育教学深度融合实践的理论支撑与实践指导。

主编

2017 年 6 月于华中师范大学

前　言

利用信息技术创新教学模式与方法，是加快推动信息技术与教育教学深度融合的重要途径。“融合”的核心，不是用技术去强化传统教学，而是用技术去创新教学，引领教育体系变革。物联网、大数据、云计算、人工智能、虚拟现实等新兴技术的发展为教育行业带来了新的机遇。社会发展和国家政策日益呼吁技术与教学深度融合，一方面，对教学活动的各要素——教学方法、教学工具、教学内容、教学环境等进行深刻变革；另一方面，对教学流程和学习空间等领域进行全面创新。

基于上述背景作者编写了这本书。全书从我国教育信息化的发展历程、发展现状和发展方向出发，同时结合当前对教育领域产生重大影响的、最前沿的新兴技术，从六个方面对技术与教育融合的趋势进行分析与预测，同时从教学环境、教学模式维度介绍信息技术对教学变革的影响与创新，并对未来的教育教学发展进行了创新性的思考与展望。全书共五章。第一章介绍教育信息化的发展及对未来的展望，从起源、概念内涵、发展历程、发展现状、发展方向等方面进行了阐述与分析，方便读者深化对教育信息化的理解与认识；第二章系统介绍对教育教学产生重大影响的技术新发展；第三章从数字化、融合、云化、量化、重塑、颠覆六个方面对技术与教育教学融合的趋势进行了分析与预测；第四章和第五章则分别从课堂教学环境、教学模式维度介绍了信息技术对教育教学的影响，阐述了信息技术支持下教学创新的途径与可能。余论对未来学习情境、学习者学习特征、学习流程、教/学技能、教学目标和学习方法等方面进行了展望。

本书是作者基于多年来在信息技术与教育教学应用融合的一线实践工作的基础上进行的反思与创作，重点介绍影响教育发展的技术趋势和技术环境下的课堂学习环境、教学模式及其变革与发展趋势，并从多个维度对未来教育进行了展望，以期对教育管理者和一线教师在教育信息化建设、管理、应用和实际教学等方面提供参考。

本书由华中师范大学国家数字化学习工程技术研究中心杨宗凯、刘三妍教授主持编写，国家数字化学习工程技术研究中心的黄涛、张慧芳、郑年亨、廖长彦、吴胜龙、孙建文、李卿、张晨晨等老师参与了本书的研讨，并提出了很多宝贵的建设性意见。本书在编写过程中参考和引用了大量的国内外文献与资料，其中大部分文献已在文后列出，如有遗漏，恳请谅解。

本书的编写从酝酿到成稿，编者力求反映信息技术与教学创新的最新成果，并希望能够满足读者的不同需求。尽管如此，因作者学识水平有限，本书肯定还存在一些不足之处，恳请广大读者提出宝贵的意见。

作者于武汉

2017 年 6 月 10 日

目　录

第一章

教育信息化发展概述与展望

第一节　教育信息化发展概述

一、教育信息化溯源

1. 教育信息化起源

信息化是当今世界发展的大趋势，加快信息化发展，已成为世界各国的共同选择。信息化的思想最早是日本社会学家梅棹忠夫在 1963 年发表的《信息产业论》中提出的。1967 年，日本科学技术和经济研究团体提出了信息化的概念，到 20 世纪 70 年代后期，信息化和信息社会的概念开始在法国等西方国家普遍使用。

1993 年，美国政府提出建设“国家信息基础设施”计划，即“信息高速公路”计划，把信息技术在教育中的应用作为实施面向 21 世纪教育改革的重要途径，教育信息化的概念应运而生。教育信息化是信息社会教育发展的必然选择，是教育改革与发展的创新动力。世界主要发达国家充分认识到教育信息化的重要意义，先后制定和实施教育信息化发展规划。我国政府也非常重视教育信息化发展，并将其作为国家信息化的基础性工程。

2. 教育信息化概念

信息化是指充分利用信息技术，开发利用信息资源，促进信息交流和知识共享，提高经济增长质量，推动经济社会发展转型的历史进程①。教育信息化是指在教育领域充分运用信息技术，开发利用信息资

① 2006—2020 年国家信息化发展战略，中共中央办公厅、国务院办公厅［EB/OL］［2006-03-19］.

源和软件工具，支持信息交流共享、知识建构创新、师生全面发展，促进教育文化变革和社会文明进步的过程。

3. 教育信息化发展阶段

2005 年，联合国教科文组织亚太教育局发布“技术与教学整合的教师发展区域性指导方针”，并调研了不同发达国家和发展中国家教育机构接纳和采用信息技术的过程，据此将教育信息化的发展划分为四个阶段，分别为起步、应用、融合、创新，如图 1-1 所示①。

起步阶段：开始搭建教育信息化基础设施的框架，探索使用信息技术教学和管理的可行性，该阶段的重点是增强工具的使用培训。应用阶段：开始利用信息技术进行教学和管理。当拥有足够的教育教学资源和多媒体设备后，开始迈入融合阶段，全面融合信息技术与教育。当教育者很自然地将信息技术的使用作为工作和生活的一部分，反思和创造新的方法来促进教育变革和发展，教育信息化发展就达到了创新阶段。

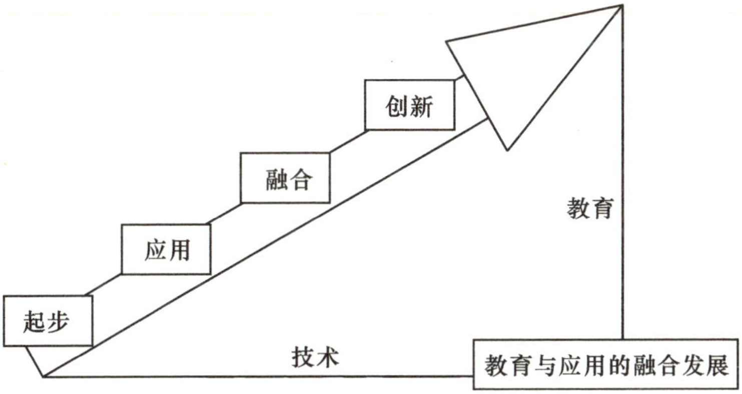

图 1-1 教育信息化发展阶段

目前，我国教育信息化基础设施建设已有一定规模，如国家教育网、城域教育网、校园网以及多媒体教室等设施的建设取得了长足进步，教育资源在数量与质量方面已见成效，信息技术在教育科研管理方

① Regional Guidelines on Teacher Development for Pedagogy-Technology Integration, UNESCO Asia and Pacific Regional Bureau for Education[EB/OL][2016-04-29].

面的应用正逐步深入，教育信息化发展正从“起步”、“应用”阶段向“融合”、“创新”阶段迈进。

二、我国教育信息化发展

1. 教育信息化与教育发展

教育信息化是国家信息化发展的战略重点，对推动城乡教育均衡、共享优质教育资源、健全终身教育体系、改革教育教学体制、创新人才培养模式及构建学习型社会有重要作用，是实现教育现代化的必由之路。信息技术对我国教育发展具有革命性影响①。

在教育信息基础设施方面，中国教育和科研计算机网（CERNET）与中国教育卫星宽带传输网（CEBsat）覆盖全国、互联互通，全国范围内的教育信息化基础设施和平台基本建成，各级各类学校数字化校园建设初见成效，有效地提升了基础教育、高等教育和职业教育信息化水平，推进了农村现代远程教育，缩小了地区之间、城乡之间和学校之间的数字化差距，促进了教育的平衡发展。

基础教育资源库、高等教育精品课程资源库、职业教育资源库、教师教育课程资源库、精品网络视频课程等各级各类优质教育资源不断丰富，各类资源门户网站的构建促进了优质教育资源的共享。通过中国教育卫星宽带网传输平台向农村及偏远地区传输多媒体资源，有效地推进了教育资源的合理配置，多模式培训下教师信息化教学水平和科研能力不断提升，信息技术课程普及全面提升了学生的信息素养，远程教育以及网络教育模式对个性化学习方式、开放式学习环境的形成、终身教育体系的构建具有积极作用。

教育管理信息化是教育信息化的重要组成部分。教育系统办公信息网的建成，实现了教育行政部门和学校政务信息的交换。电子政务、电

① 国家中长期教育改革和发展规划纲要（2010—2020 年），国家中长期教育改革和发展规划纲要工作小组办公室［EB/OL］［2010-07-29］.

子校务等服务体系如办公系统、学籍系统、财务系统等的建立与应用，促进了学校管理的标准化、规范化、透明化，很大程度上提高了办学效率，推进了教育决策的科学化和民主化进程。

2. 教育信息化与社会发展

信息化是推动经济社会变革的重要力量。教育信息化基础设施如宽带传输网、各级教育网、校园网及多媒体教室等硬件设施和系列学习工具、资源、平台等的研发和使用，有效地促进了信息产业的发展，对经济增长做出了贡献。农村中小学现代远程教育工程及西部大学校园计算机网络建设工程等在一定程度上均衡了东西部及城乡资源分配，促进了区域协调发展。

灵活、个性化的信息化学习环境，开放的教育资源公共服务平台及自主网络学习模式对促进教育改革和发展、构建学习型社会有重大意义。信息技术课程的全面普及强有力地促进了全民信息技术素养的提升，信息化教育以培养高素质人才为目标，一定程度上满足了社会对信息化人才的需求，同时加速了我国向人力资源强国迈进的步伐。

第二节 国外教育信息化发展概述

一、发达国家的教育信息化

1. 美国的教育信息化战略

美国教育信息化一直走在世界前列。1993 年，美国政府就提出建设“信息高速公路”，计划投资 4000 亿美元用于建设国家信息基础设施。而后，克林顿总统在 1996 年的国情咨文中指出：到 2000 年，全美每间教室、每个图书馆都要与互联网联网，形成全国范围的信息高速公路。同年，克林顿在“面对技术素养的挑战使每一位美国儿童为 21 世纪作好准备”① 的报告中提出了发展目标：所有的教师和学生在教室里都可以直接使用多媒体电脑；为全国所有老师提供必要的培训；每个教室都与信息高速公路连接；有效的软件和网上学习资源将成为每一所学校课程的有机组成部分。此外，致力于促进教育技术在 PK-12（美国学制，学前教育至高中教育）和高等教育教学及学习中有效运用的美国国际教育技术协会（International Society for Technology in Education，ISTE）先后四次修订面向教师的教育技术能力标准，同时面向学生、管理者、技术整合专家、信息技术教师等也制定了一系列教育技术能力标准。

自 1996 年至 2016 年，在历届联邦政府的领导下，美国联邦教育部连续五次发布《国家教育技术计划》（National Educational Technology Plan，NETP），美国基础教育开始了以 NETP 为蓝图的信息化进程。1996 年发布的 NETP 重点关注教育信息基础设施的建设，强调美国应

---

① Getting America's Students Ready for the 21st Century：Meeting the Technology Literacy Challenge[R]. United States Department of Education，1996.

建立世界领先的教育信息化基础设施，并明确提出每个教室都需要拥有能连接互联网的计算机、优质的学习软件和接受过良好培训的教师①。NETP 2000 则强调基于已建成的教育信息化基础设施，推进教育技术的普及和应用，并提出所有的教师都要能有效地运用技术来促进学生的高水平学习，所有的学生都必须具备信息技术素养和技能②。NETP 2004 强调通过教师培训提高教学创新应用，并提出在实现系统性变革的前提下，提高信息技术应用效能③。NETP 2010 提出了“技术支持下的 21 世纪学习模型”，从学习、评价、教学基础实施等方面分别提出了目标和行动建议，实现了美国教育的系统性变革，标志着美国的信息化教育从建设阶段迈入应用变革阶段。NETP 2016 则提出“为未来准备的学习”理念，并提出应积极应对数字应用鸿沟④。该计划的宗旨是推进教育技术的公平分配，与前几次国家教育技术计划相比，NETP 2016 增加了许多实践案例，强调领导层在推进教育技术计划过程中的积极作用，更加关注学生隐私，强调教师专业培训和教育技术设备的统一配备⑤。

NETP 是美国基础教育信息化发展的纲领性文件，五个连续发布的 NETP 文件对美国基础教育的基础设施、混合与在线教育、信息化教学应用、教师信息技术能力培训等方面的前瞻性引领，让美国成为世界上基础教育信息化程度最高的国家之一。在我国加速推进基础教育信息化进程，应对教育公平和教育质量等重大挑战的大背景下，从美国的基础教育信息化的发展历程中借鉴经验并汲取教训显得尤为必要⑥。

---

① U. S. Department of Education. National Educational Technology Plan 1996[R]. U. S:1996.

② U. S. Department of Education. National Educational Technology Plan 2000[R]. U. S:2000.

③ U. S. Department of Education. National Educational Technology Plan 2004[DB/OL][2016-11-06].

④ U. S. Department of Education. National Educational Technology Plan 2016[DB/OL][2016-11-15].

⑤ 魏雪峰，李逢庆，钟靓茹. 2015 年度国际教育信息化发展动态及趋势分析 [J]. 中国电化教育，2016 (4)：120-127.

⑥ 胡永斌，龙陶陶. 美国基础教育信息化的现状和启示 [J]. 中国电化教育，2017 (3)：36-43.

2. 英国的教育信息化战略

英国的教育信息化一直处于世界领先地位，其基础教育信息化建设不仅起步较早，而且极具特色。英国政府将信息与通信技术（Information and Communication Technology，ICT）看作教育改革的核心，十分重视其发展与应用。1998 年，英国全面启动国家学习信息系统（National Grid for Learning，NGL），并建立英国教育传播与技术管理局（British Educational Communications and Technology Agency，BECTA）。此后，英国政府出台了一系列战略规划，不断推进、深化教育信息化的建设与应用，教育信息化得到迅速发展①。

2004 年，英国教育部发布了《关于孩子和学习者的五年战略规划》（A Five Year Strategy for Children and Learners，2005-2010），提出了教育改革方案的五个基本原则，并把 ICT 作为第一个原则的主要操作手段②。2005 年，英国针对基础教育信息化发布了《利用技术：改变学习及儿童服务》（e-Strategy），并提出在教育和儿童服务的各个领域充分利用数字和交互技术，为个人潜能的最大发挥创建一个更加个性化的服务环境③。2006 年 7 月，BECTA 提出了《针对 e 战略的促进计划》（Harnessing Technology Delivery Plan，2006-2011），将计划目标分为三个阶段，提出到 2011 年能满足四个方面标准的教育机构从当时的 20％提升到 80％，并为每个阶段制定了详细的任务标准④。

2008 年 7 月，BECTA 启动了“利用技术：促进下一代学习计划”（Harnessing Technology for Next Generation Learning，2008-2014）。

---

① 马宁，周鹏琴，谢敏漪. 英国基础教育信息化现状与启示［J］. 中国电化教育，2016（9）：30-37.

② Department for Education and skills. Five Year Strategy for Children and Learners：putting people at the heart of public services[R]. Norwich：TSO (The Stationery Office)，2004.

③ Laurillard D. Harnessing Technology：Transforming Learning and Children's Services[J]. Metrologia，2005，31(3)：269-273.

④《教育信息化十年发展规划（2011—2020 年）》解读［M］. 北京：人民教育出版社，2012.

这一计划与 e 战略促进计划目标一致，目的是促使技术发展为所有学习者带来最好的学习体验和效果，使每个人都能从技术中获得最大收益，改善学习、提升技能、优化知识①。

2009 年，BECTA 针对下一代学习运动提出《2009—2012 年阶段的促进计划》（Next Generation Learning the Implementation Plan for 2009-2012)，该计划强调技术在世界一流水平教育中的重要角色，概述了在儿童、学校和家庭部门中技术应用的目标，确保技术支持儿童和青少年的服务变革②。2010 年，BECTA 针对下一代学习运动颁布《2010—2013 年阶段促进计划》(Next Generation Learning the Implementation Plan for 2010-2013)，目的是帮助人们在学习中高效地使用技术，让继续教育与技能领域的学习者能够在专家的指导下随时随地进行自由学习，更加自信地使用信息技术②。

除 BECTA 外，英国高校联合信息系统委员会（Joint Information Systems Committee，JISC）等组织也积极推动英国教育的信息化工作。JISC 在《JISC 2010—2012 年发展战略》中提出运用云计算等技术，构建 e-Learning 文化，提升科研信息化水平和科研人员信息素质③。2016 年 3 月，英国发布《教育部 2015—2020 战略规划：世界级教育与保健》，制定了未来五年的教育发展战略与规划，提出要大力推进 STEM 课程的开设率，提升相关课程的质量④。

3. 日本的教育信息化战略

1994 年，日本首相官邸建立 IT 战略部，开始正式关注信息化问题。1997 年，日本政府制定“教育改革计划”，提出面向全国的互联网

---

① 《教育信息化十年发展规划（2011—2020 年）》解读［M］. 北京：人民教育出版社，2012.

② 李凡，陈琳，蒋艳红. 英国信息化策略“下一代学习运动”的发展及启示［J］. 中国电化教育，2011（6）：39-47.

③ Joint Information Systems Committee. JISC Strategy 2010-2012［DB/OL］［2012-07-12］.

④ Department for Education. DfE strategy 2015 to 2020：world class education and care［DB/OL］［2016-05-09］.

建设规划。1999年，日本政府为了应对新世纪的教育信息化发展，颁布了“新千年计划”，在该计划中提出了教育信息化未来发展的二阶段目标。2000年日本实施《信息技术基本法（法114号文件）》，该法案制定了国家教育信息化二阶段战略规划[1]。

2001年是实行国家教育信息化战略规划的第一阶段，日本政府制定了“数字化日本战略”，即“e-Japan”战略。通过这一战略，日本希望在2005年建设成为世界上最先进的信息技术国家，完成信息化设施基础建设。2003年7月提出“e-JapanⅡ”战略，目标是在2005年使日本成为世界上最先进的ICT国家[2]。

2004年日本政府公布了新的信息化发展战略——“u-Japan”战略。该战略希望通过泛在网络，从而在日本国内形成一个信息网络无处不在的社会，使所有人都可以随时随地上网，不再受时间和空间的束缚[3]。

2005年12月，日本文部科学省发表“面向e-Japan战略目标的实现——教育信息化推进行动计划”，以进一步推动中小学教育信息化，保证“e-Japan”战略目标的实现[4]。2006年1月，日本政府又部署了第二阶段国家教育信息化建设战略，即“IT改革新战略”。新的战略力争使日本成为国际信息技术革命的先导者，完成信息技术结构布局改革，实现信息技术规范社会[5]。

2009年，日本IT战略本部出台“i-Japan”战略。该战略描述了2015年将会实现的日本数字化社会蓝图，阐述了实现数字化社会的战略[6]。

---

① 魏先龙，王运武. 日本教育信息化发展战略概览及其启示［J］. 中国电化教育，2013（9）：28-34+38.

② 魏先龙，王运武. 日本教育信息化发展战略概览及其启示［J］. 中国电化教育，2013（9）：28-34+38.

③ 魏先龙，王运武. 日本教育信息化发展战略概览及其启示［J］. 中国电化教育，2013（9）：28-34+38.

④ 王运武，陈琳. 中外教育信息化比较研究［M］. 北京：电子工业出版社，2008（6）：95-98.

⑤ 衷克定. 中日韩三国教育信息化状况比较［J］. 中国电化教育，2007（12）：34-40.

⑥ 王喜文. 日本：i-Japan描绘国家信息化新战略［EB/OL］［2009-10-30］.

2012 年 7 月，日本总务省 ICT（Information Communication Technology）基本战略委员会发布了《面向 2020 的 ICT 综合战略（草案)》，提出实现“活跃在 ICT 领域的日本”的目标，设置了五个重点领域，并制定了相应的五大战略和具体措施①。

2013 年 6 月，日本政府通过了《创建世界最先进 IT 国家宣言》。该宣言旨在推进所有学校环境的 IT 化，同时构筑学校和家庭之间无缝畅通的教育和学习环境，并对教育信息化和人才培养提出了新要求②。

2014 年 6 月，日本政府提出“Smart Japan ICT”战略，该战略由“ICT 成长战略Ⅱ”和“增强 ICT 国际竞争力及海外拓展倡议书”组成，分别定位为国内战略和国际战略，旨在带动 ICT 革新，共同推进 ICT 事业的发展③。

2016 年，美国、英国、法国、德国等七国集团教育部长会议发表《仓敷宣言》，提出要在全球化中加强适应技术革新的教育，鼓励采用 ICT 帮助处于经济或社会劣势的学生。同年，日本政府提出了教育信息化加速化计划，该计划提出利用 ICT 加速下一代学校和地区的建设，积极利用 ICT 构筑社会综合教育体制，充分体现了日本政府对教育信息化政策顶层设计的重视④。

4. 韩国的教育信息化战略

韩国一直走在教育信息化的前列，从 20 世纪 70 年代，韩国政府就开始了教育信息化的建设。韩国非常重视中小学的教育信息化体系建设，早在 1996 年就开始着手基础设施建设，为教育信息化提供硬件与

---

① 魏先龙，王运武. 日本教育信息化发展战略概览及其启示［J］. 中国电化教育，2013（9）：28-34＋38.

② 李哲，孙帙，李羽喆，张海，姜雷. 日本教育信息化现状与教育云系统的前沿实践——以日本先导性教育体制事业为例［J］. 中国信息技术教育，2014（23）：96-99.

③ 张玮，李哲，奥林泰一郎，贾若. 日本教育信息化政策分析及其对中国的启示［J］. 现代教育技术，2017（3）：5-12.

④ 张玮，李哲，奥林泰一郎，贾若. 日本教育信息化政策分析及其对中国的启示［J］. 现代教育技术，2017（3）：5-12.

软件系统支撑。根据不同阶段的建设重点，韩国基础教育信息化体系发展脉络分为五个阶段：基础设施建设阶段、数字教育资源开发阶段、个性化学习提升阶段、技术与教育融合阶段和智慧教育发展阶段①。

在基础设施建设（1996—2000 年）阶段，韩国建立了覆盖全国的教育信息服务系统 EDUNET。EDUNET 主要目标包括构建中小学信息化基础设施、促进数字教育资源的合理利用、支撑教学项目的实践、利用教育资源提高课堂教学质量等②。这一时期，韩国发布了第一份教育信息化规划 Master Plan Ⅰ，该计划重点强调信息基础设施建设，提升师生的信息素养以及信息技术应用能力。Master Plan Ⅰ 的实施为韩国教育信息化基础设施建设的发展创设了坚实的基础。

在数字教育资源开发（2001—2005 年）阶段，韩国发布了第二份教育信息化规划 Master Plan Ⅱ（2001—2005 年），强调在第一阶段的基础上进一步加强教育信息化基础设施建设，提升信息技术在教育教学中的应用，促进数字化学习。2004 年，韩国发布了《e-Learning 支持系统综合开发计划》，该计划旨在支持 e-Learning 环境的构建③。

在个性化学习提升（2006—2010 年）阶段，韩国发布了《u-Korea》（2006—2015 年）战略规划，旨在通过智能设施和服务实现定制化教育，并通过进一步加强学习终端的普及、数字教材的开发、教师信息技术能力培训等途径，促进无缝学习环境的创设。这一时期，韩国发布了 Master Plan Ⅲ（2006—2010 年），网络环境从有线转为无线，教育信息化从 e-Learning 转向 u-Learning④。

在技术与教育融合（2011—2014 年）阶段，韩国教育部发布了

---

① 尉小荣，吴砥，余丽芹，饶景阳. 韩国基础教育信息化发展经验及启示 [J]. 中国电化教育，2016 (9)：38-43.

② 吴砥，尉小荣，朱莎. 韩国教育信息基础设施建设经验的启示 [J]. 现代远程教育研究，2014 (5)：87-88.

③ 吴砥，尉小荣，朱莎. 韩国教育信息基础设施建设经验的启示 [J]. 现代远程教育研究，2014 (5)：87-88.

④ 吴砥，尉小荣，朱莎. 韩国教育信息基础设施建设经验的启示 [J]. 现代远程教育研究，2014 (5)：87-88.

"智慧教育战略"（Strategy for Promoting SMART Education），该战略与这一时期的 Master Plan IV（2010—2014 年）同步进行。"SMART 教育"着眼于教育信息化的高层次应用层面，旨在培养创新型的全球化的人才。

在智慧教育发展（2014 年至今）阶段，韩国发布了 Master Plan V（2014—2018 年），希望通过信息技术与教育的深度融合，培养学生的创新精神以及创造性思维，创建以学生为中心的数字教育生态系统①。

5. 新加坡的教育信息化战略

新加坡是较早拥有教育信息化总体规划的国家之一。在 1997 年，为了迎接 21 世纪信息时代的挑战，新加坡教育部颁布了第一个国家基础教育信息化发展规划——Master Plan 1（简称 MP1）。MP1 的主要内容包括加强信息化基础设施建设、为学生提供丰富的学习资源、在课程教学中运用信息技术并改革评价方法、对教师进行信息技术培训等。该规划的实施为新加坡在中小学进行信息技术与课程整合奠定了坚实的基础②。

2003 年，新加坡教育部颁布了第二个基础教育信息化发展规划——Master Plan 2（简称 MP2）。MP2 强调在已有信息化基础设施的基础上，将信息技术融入基础教育中，通过创建学校文化来推动和支持学生的思考学习。MP2 主要内容包括课程与评价中信息技术的应用、教师专业发展、学校能力培养、研发规划、基础设施与技术支持等方面，并制定了相应的发展战略和实施规划③。

为了进一步推动新加坡基础教育信息化发展，2009 年新加坡教育部制定了第三个基础教育信息化发展规划——Master Plan 3（简称 MP3）。该规划的重点目标是打造"随时随地"的学习，让学生通过有

① 吴砥，尉小荣，朱莎. 韩国教育信息基础设施建设经验的启示［J］. 现代远程教育研究，2014（5）：87-88.

② Master Plan 1[DB/OL].

③ Master Plan 2[DB/OL].

效运用 ICT 培养自主学习、合作学习的能力，成为有辨别能力和有责任感的信息技术应用者。与 MP1、MP2 相比，MP3 强调充分利用信息技术的优势，培养学生的自主学习和协作学习能力①。

在取得上述成就的基础上，为进一步培养学生面向 21 世纪的数字化学习能力，2015 年新加坡教育部发布了第四个基础教育信息化发展规划——Master Plan 4。Master Plan 4 是新加坡教育部对 2015—2020 年间教育信息化发展所做的整体规划，它高度概括了新加坡未来 5 年教育信息化发展的方向，即“培养面向未来的、负责任的数字化学习者”。Master Plan 4 强调学习者在数字化环境下的 21 世纪技能和责任意识，以培养信息化环境下能够应对各种挑战、善于解决各种问题的优秀人才②。同年，新加坡实施了 iN 2015——智慧国 2015 计划，该计划希望通过信息技术的创新，满足学习者的多样化学习需求，使学习者获得更好的学习体验③。

二、发展中国家的教育信息化

印度是较早开始应用信息技术的国家之一。1984 年，印度电子部和人力资源开发部联合发起“学校计算机素养与学习”（Computer Literacy and Studies in School）试点项目，拉开了印度基础教育信息化改革的序幕④。1998 年，印度政府提出了“信息技术超级大国”发展战略目标，颁发了《印度信息技术行动计划》（Information Technology Action Plan-India）⑤。2004 年，印度启动“ICT@Schools”计划，由政

---

① Chai C S，Wang Q Y. ICT for self-directed and collaborative learning [M]. Singapore：Pearson Education South Asia Pte Ltd，2010：5-6.

② 唐夏夏，闫志明，袁杰，付加留. 新加坡教育信息化新战略述评——以 Master Plan 4 为蓝本 [J]. 现代教育技术，2016（11）：27-32.

③ 新加坡教育部. 新加坡智慧国 iN 2105 规划 [DB/OL].

④ 刘彦尊，于杨，董玉琦. 印度基础教育信息化最新进展述评 [J]. 中国电化教育，2007（1）：32-36.

⑤ Government of India (1998) Report of the IT Task Force[DB/OL][2006-03-10].

府提供资金建设基础设施，比如计算机等配套工具与设备。该计划旨在消除数字鸿沟，确保学生享有教育信息化的环境以及政府部门开发的电子化资源。2012 年，印度开始在中小学实施基础教育信息化国家政策，旨在为所有师生创造一个公平、开放、自由的有利环境，并通过适当运用信息技术，促进社会各界的广泛参与①。2013 年，印度国家教育研究与培训委员会颁布了中学《信息通信技术课程纲要》，指导学校信息通信技术课程的实施与开展，旨在进一步促进学校信息通信技术教育的发展②。

南非是非洲经济最发达的国家之一，也是世界上政府对教育投入比例最高的国家之一。南非教育部非常重视基础教育信息化。为了推进南非的教育信息化建设，2001 年 11 月，南非教育部发布了《教育信息化战略》；2004 年，南非教育部颁布了《教育信息化白皮书：利用信息技术转变教学方式》，提出了“e-Education”的战略目标，对“e-Education”政策框架下的教育公平、软硬件标准规范及策略目标、资金支持进行了论述，并对战略的实施进行了探讨；2005 年，南非教育部公布了《教育部五年战略规划（2005—2009）》；2007 年，南非教育部发布了《教育部五年战略规划（2007—2011）》，为了进一步推进信息技术在课程建设中的应用，专设“利用信息技术支持课程实施”战略目标，对学校接入互联网、教师信息技术能力及其培养、信息技术在学校开发利用的标准、开发数字教育内容等按年份进行规划。2010 至 2013 年，南非教育部在教育信息化白皮书的框架下，计划将 ICT 整合到教育系统内的教学和行政管理的方方面面③。

① 卡罗琳·德希穆克. 印度基础教育信息化［J］. 世界教育信息，2013（20）：11-12.

② 刘明珍. 印度中学信息通信技术新课程探析［J］. 世界教育信息，2015（2）：46-50.

③ 肖飞生，章苏静. 南非基础教育信息化最新进展［J］. 现代教育技术，2008（8）：58-62.

第三节　我国教育信息化发展历程

一、教育信息化相关政策及规划

党和国家高度重视教育信息化工作。教育部于1998年12月制定了《面向21世纪教育振兴行动计划》，1999年1月经国务院批转，计划提出实施“现代远程教育工程”，形成开放式教育网络，构建终身学习体系①。1999年6月，中共中央、国务院发布了《关于深化教育改革全面推进素质教育的决定》，在第十五条中指出“大力提高教育技术手段的现代化水平和教育信息化程度”，这是“教育信息化”在我国政府文件中的最早出处②。

2000年全国中小学信息技术教育工作会议决定，用5到10年左右的时间，在全国中小学基本普及信息技术教育，全面实施“校校通”工程。2004年，国务院印发《2003—2007年教育振兴行动计划》，计划实施后，中国教育和科研计算机网（CERNET）的管理体制和运行机制得到及时调整，建立了一批重大应用与示范项目，如“中国教育科研网格计划（ChinaGrid）”、“中国下一代互联网示范工程（CNGI）”、“大学数字博物馆建设工程”、“教师网联”、“农村中小学现代远程教育工程”③。2006年5月，中共中央办公厅、国务院办公厅印发《2006—2020年国家信息化发展战略》，在“我国信息化发展的战略行动”部分中提出实施“国民信息技能教育培训计划”、“网络媒体信息资源开发利

---

① 国务院批转教育部《面向21世纪教育振兴行动计划》，提出实施“现代远程教育工程”[EB/OL] [2009-12-01].

② 《教育信息化十年发展规划（2011—2020年）》解读 [M]. 北京：人民教育出版社，2012.

③ 2003—2004年教育信息化发展概况 [EB/OL] [2004-08-16].

用计划”、“缩小数字鸿沟计划”等①，在国家教育信息化的战略部署中涵盖了与教育信息化相关的规划内容。此外，2004年《中小学教师教育技术能力标准》的发布，对提高广大中小学教师教育技术能力和水平，促进教师专业能力的发展，建立健全中小学教师教育技术培训、考试和认证体系起到了重要作用②。

《国家中长期教育改革和发展规划纲要（2010—2020）》将教育信息化作为基本建设工程，在其战略目标中提到，到2020年，基本实现教育现代化，基本形成学习型社会，进入人力资源强国行列。其中有专门一章对教育信息化提出要求：加快教育信息基础设施建设，加强优质教育资源开发与应用，构建国家教育管理信息系统③。

2012年3月，教育部印发了《教育信息化十年发展规划（2011—2020年）》，从国家层面对今后十年的教育信息化工作进行了整体设计和全面部署。规划明确提出，“基础教育信息化是提高国民信息素养的基石，是教育信息化的重中之重”④。

2014年5月，为全面提升中小学教师信息技术应用能力，促进信息技术与教育教学深度融合，教育部研究制定了《中小学教师信息技术应用能力标准（试行）》⑤。同时，为指导各地组织实施“提升工程”，规范引领教师信息技术应用能力培训课程建设与实施工作，依据应用能力标准，教育部组织专家研究制定了《中小学教师信息技术应用能力培训课程标准（试行）》⑥。

---

① 2006—2020年国家信息化发展战略［DB/OL］［2006-05-08］.

② 教育部关于印发《中小学教师教育技术能力标准（试行）》的通知［EB/OL］［2004-12-15］.

③ 国家中长期教育改革和发展规划纲要（2010—2020年），国家中长期教育改革和发展规划纲要工作小组办公室［EB/OL］［2010-07-29］.

④《教育信息化十年发展规划（2011—2020年）》解读［M］. 北京：人民教育出版社，2012.

⑤ 教育部办公厅关于印发《中小学教师信息技术应用能力标准（试行）》的通知［EB/OL］［2014-05-27］.

⑥ 教育部办公厅关于印发《中小学教师信息技术应用能力培训课程标准（试行）》的通知［EB/OL］［2014-05-30］.

2015 年 7 月 1 日，国务院发布《关于积极推进“互联网＋”行动的指导意见》，部署全国各行各业的“互联网＋”，全方位阐释了“互联网＋”行动的目标、思路和重点内容①。该指导意见提出，不仅要把互联网的创新成果与经济社会各领域深度融合，更要转变思想，用互联网思维解决各领域的关键问题，推动各领域的改革和发展。“互联网＋教育”本质是在我国教育信息化现阶段发展成果的基础上，以互联网思维深度融入教育基本规律，从提升教育质量、促进教育公平方面实现教育改革的目标。2015 年 10 月，十八届五中全会正式提出实施“互联网＋”行动计划，同时《促进大数据发展行动纲要》等有关政策密集出台，信息化成为国家战略，大数据与教育核心业务的融合，将成为驱动新一轮基础教育改革与发展的创新动力②。

2016 年 6 月，教育部印发了《教育信息化“十三五”规划》，明确指出“要依托信息技术营造信息化教学环境，促进教学理念、教学模式和教学内容改革，推进信息技术在日常教学中的深入、广泛应用，适应信息时代对培养高素质人才的需求”。同时，规划还指出，“有条件的地区要积极探索信息技术在‘众创空间’、跨学科学习（STEAM 教育）、创客教育等新的教育模式中的应用，着力提升学生的信息素养、创新意识和创新能力”③。同年 7 月，中共中央办公厅、国务院办公厅印发了《国家信息化发展战略纲要》，指出要“完善教育信息基础设施和公共服务平台，推进优质数字教育资源共建共享和均衡配置，建立适应教育模式变革的网络学习空间，缩小区域、城乡、校际差距”④。

---

① 国务院关于积极推进“互联网＋”行动的指导意见［EB/OL］［2015-07-04］.

② 十八届五中全会：实行互联网＋计划，实施国家大数据战略［EB/OL］［2015-10-29］.

③ 教育部关于印发《教育信息化“十三五”规划》的通知［EB/OL］［2016-06-07］.

④ 中共中央办公厅、国务院办公厅印发《国家信息化发展战略纲要》［EB/OL］［2016-07-27］.

二、教育信息化重点工程

中国教育和科研计算机网（CERNET）与中国教育卫星宽带传输网（CEBsat）是我国开展现代远程教育的重要平台。为了适应国家《面向21世纪教育振兴行动计划》中远程教育工程的要求，1999年开始建立CERNET高速主干网，随后在基础设施建设和应用领域不断发展。

2000年开展的“校校通”工程，计划用5至10年时间，加强信息基础设施和信息资源建设，使全国90%左右独立建制的中小学校能够上网，使中小学师生都能共享网上教育资源，提高中小学的教育教学质量①。

《2003—2007年教育振兴行动计划》中关于实施“农村中小学现代远程教育计划”提出：使农村初中基本具备计算机教室，农村小学基本具备数字电视教学收视系统，农村小学教学点具备教学光盘播放设备和光盘资源，并初步建立远程教育系统运行管理保障机制。同时还提出了“教育信息化建设工程”，加快教育信息化基础设施、教育信息资源建设和人才培养，全面提高现代信息技术在教育系统的应用水平②。

“211工程”和“985工程”全面推动了CERNET高速地区网和部分高校网等公共服务体系、高校重点学科信息服务支撑平台建设，紧密结合国家创新体系建设，集成优质资源，创建了一批高水平、开放式、国际化的科技创新平台和人文社会科学研究基地。

《国家中长期教育改革和发展规划纲要（2010—2020)》将教育信息化作为将要组织实施的重大项目，要求提高中小学每百名学生拥有计算机台数，为农村中小学班级配备多媒体远程教学设备；建设有效共享、覆盖各级各类教育的国家数字化教学资源库和公共服务平台；基本建成较完备的国家级和省级教育基础信息库以及教育质量、学生流动、资源

① 抓住机遇，加快发展，在中小学大力普及信息技术教育——在全国中小学信息技术教育工作会议上的报告［EB/OL］［2000-10-25］.

② 2003—2007年教育振兴行动计划［EB/OL］［2004-02-20］.

配置和毕业生就业状况等监测分析系统①。为贯彻落实纲要中“加快教育信息化进程”的要求，2012 年初，教育部发文要求开展教育信息化试点工作，计划用 4 年左右时间，总体完成 100 个左右的区域试点和 1600 所左右的学校试点，总结和推广成功案例和经验，以点带面，全面推进教育信息化进程②。

“三通两平台”工程是“十二五”期间我国教育信息化建设的标志性工程。“三通”分别为宽带网络校校通、优质资源班班通、网络学习空间人人通，“两平台”为教育资源公共服务平台和教育管理公共服务平台。2012 年 5 月，教育部副部长杜占元在全国教育信息化试点工作座谈会上发表讲话，首次提出“三通工程”，强调要建设实名制网络学习空间，促进网络环境下的个人自主学习与互动教学③。2012 年 10 月，教育部、发改委、财政部等九部委联合出台了推广“三通两平台”工程的文件，将网络学习空间建设作为七大重点工作之一。“三通两平台”加快了以学校为单位的教育信息化基础设施建设与应用、以班级为单位的教育优质资源共建共享、以学生为单位的信息化环境下的教与学变革④。

2014 年 7 月教育部发文在全国开展“一师一优课、一课一名师”活动，在全国范围内开展优课资源建设。活动以应用为导向，以资源为纽带，以教师课堂应用为中心，旨在加强优质资源共享与应用⑤。这项活动的初衷是：充分调动中小学各学科教师在课堂教学中应用信息技术的积极性和创造性，使每位中小学教师能够利用信息技术和优质数字教育资源至少上好一堂课；建设一支善用信息技术和优质数字教育资源开

① 国家中长期教育改革和发展规划纲要（2010—2020 年），国家中长期教育改革和发展规划纲要工作小组办公室［EB/OL］［2010-07-29］.

② 教育部：开展教育信息化试点工作通知［EB/OL］［2012-02-29］.

③ 关于印发杜占元同志在教育信息化试点工作座谈会上的讲话的通知［EB/OL］［2012-06-26］.

④ 胡小勇，朱龙，冯智慧，郑晓丹. 信息化教学模式与方法创新：趋势与方向［J］. 电化教育研究，2016（6）：12-19.

⑤ 教育部. 教育部办公厅关于开展 2014 年度“一师一优课、一课一名师”活动的通知［DB/OL］［2016-02-28］.

展教学活动的中小学骨干教师队伍；促进优质数字教育资源的开发与共享，形成一套覆盖中小学各年级各学科各版本的生成性资源体系。活动开展以来，作用远远超出预期。

2015 年 9 月，教育部发布《关于“十三五”期间全面深入推进教育信息化工作的指导意见（征求意见稿）》，提出“十三五”期间要创新“网络学习空间人人通”的建设与应用模式，拓展信息时代教学、管理与服务方式。经过系统推进，我国网络学习空间得到了快速发展。2016 年 2 月 2 日，教育部办公厅印发《2016 年教育信息化工作要点》，指出要重点推动“网络学习空间人人通”，扩大网络学习空间应用覆盖面。“十三五”指导意见提出，“要融合网络学习空间创新教学模式、学习模式、教研模式和教育资源的共建共享模式”，这标志着我国网络学习空间的发展即将进入融合创新阶段①。

---

① 杨现民，赵鑫硕，刘雅馨，潘青青，陈世超. 网络学习空间的发展：内涵、阶段与建议 [J]. 中国电化教育，2016（4）：30-36.

第四节　我国教育信息化发展现状

一、教育信息化阶段性成果

1. 基础设施建设

中国教育和科研计算机网（CERNET）与中国教育卫星宽带传输网（CEBSat）是天地合一的现代远程教育的重要组成部分，与各级教育网相互连通，基本形成了覆盖全国的教育信息化基础设施。CERNET已覆盖全国31个省市近200多座城市①，致力于发展支持IPv6的下一代网络。

“十二五”期间，“三通两平台”工程进展顺利，“宽带网络班班通”取得重大进展。2015年，全国义务教育阶段学校配备多媒体教学设备的普通教室有310万间，占普通教室的82.9%，较2014年的42%提高了近一倍。到“十二五”末，全国义务教育阶段学校入网率提升到87%，其中实现10Mbps以上宽带接入的学校占52.4%。截至2015年年底，全国有超出60%的中小学建立了校园无线网络，将近18%的中小学实现了校内无线网络全覆盖。同时，我国中小学教师拥有信息化教学终端的比例逐年提高，2012年平均每100名教师拥有53台终端设备，2015年这一数字提升至60台②。

2. 优质教育资源开发与应用

农村中小学现代远程教育工程（以下简称“农远工程”）的实施，

---

① CERNET成果成就［EB/OL］［2010-04-29］.

② 中国教育信息化发展报告（2015）［R］. 武汉：教育部教育信息化战略研究基地（华中），2016.

已形成农村教育信息化的环境，为农村中小学提供了优质教育资源和远程教师培训。农远工程主要有三种应用模式：教学光盘播放点模式，即以“播放光盘＋教师讲授”的方式实施教学；卫星教学收视点模式，即通过卫星传送教学资源；计算机教室模式，即在网络环境下实施计算机教学。截至 2006 年底，配备的教学光盘播放设备、卫星教学收视系统、计算机教室和多媒体设备，使几千万中西部农村中小学生受益①。2010 年为 27.5 万所农远工程学校播出小学教育资源 397G，初中教育资源 189G②。这些举措很大程度上提升了农村教育质量，为城乡教育平衡发展做出了贡献。“教学点数字教育资源全覆盖”项目有力推进，截至 2015 年，实现了全国 6.4 万个教学点设备配备、资源配送和教学应用的“三到位”，提高了教学点音乐、美术、英语等国家规定课程的开课率，惠及 400 多万偏远山区的孩子③。

国家基础教育资源库免费提供覆盖义务教育阶段全学科资源。截至 2011 年，国家级高等教育质量工程已经建设 2500 多门本科精品课程、1000 多门高职高专精品课程、200 多门网络教育精品课程④。2011 年教育部推出“中国大学视频公开课”，目前已有第一批和第二批共四十余门精品网络视频课程免费向社会公众开放，促进了高校高质量教育资源、高水平师资的共享。

“优质资源班班通”取得显著成效。截至 2015 年，34.8%的学校建有校本资源，42.1%的学校实现全部班级应用数字教育资源开展教学。全国共有 500 多万名教师参与“一师一优课，一课一名师”活动，“晒课”300 多万节⑤。“网络学习空间人人通”实现跨越式发展，全国超过 30%的学校开通网络学习空间，数量从 2012 年的 60 万增长到 2015 年

---

① 2006—2007 年教育信息化发展概况 [EB/OL] [2007-08-15].

② 王珠珠：为加快我国教育信息化进程作出新贡献 [EB/OL] [2011-04-02].

③ 教育部关于印发刘延东副总理在第二次全国教育信息化工作电视电话会议上讲话的通知 [EB/OL] [2011-04-02].

④ 全面落实《教育规划纲要》，加快推进教育信息化科学发展 [EB/OL] [2011-04-22].

⑤ 中国教育信息化发展报告（2015）[R]. 武汉：教育部教育信息化战略研究基地（华中），2016.

的 4200 万，应用范围从职业教育扩展到各级各类教育①。

国家教育资源公共服务平台 2012 年底上线运行，服务注册师生和家长近 2000 万人。为进一步拓展数字化教学资源的数量与质量，提高资源利用水平，约三分之二的省市建成了升级资源平台。国家平台已与 26 个地方平台互联互通，教育管理公共服务平台两级（国家、省）建设、五级（国家、省、市、县、校）应用格局基本形成，全国学生、教职工、教育机构等管理信息系统和国家级数据中心基本建成，全国学校“一校一码”、学生电子学籍“一人一号”基本实现②。

3. 教育管理信息化

教育部推出的教育电子政务建设工程（金教工程）是作为电子政务和教育信息化的重要举措，“十一五”期间，教育部和省级教育部门基本建立了政务公开网站，提高了教育管理效率。电子校务服务体系的建构，逐步推动教育系统的办公自动化、办公无纸化，初步实现了学籍管理、教学管理、科研管理、人事管理、财务管理的信息化，提高了管理决策的科学化水平和公共服务的电子化水平。《教育管理信息化标准》以学校管理信息标准为核心，引导我国教育管理信息化工作向网络化、标准化、规范化的方向健康发展③。

截至 2015 年 12 月，全国中小学学籍管理系统实现 1.93 亿中小学学生信息入库，仅一年多的时间就完成了 3689 万学生毕业、1.25 亿学生升级、3795 万新生入学、691 万学生转学等学籍信息管理工作④。截至 2015 年底，超过 50%的中小学建有校级管理信息系统。

---

① 中国教育信息化发展报告（2015）[R]. 武汉：教育部教育信息化战略研究基地（华中），2016.

② 教育部关于印发刘延东副总理在第二次全国教育信息化工作电视电话会议上讲话的通知 [EB/OL] [2011-04-02].

③ 教育部正式发布实施《教育管理信息化标准》[EB/OL] [2002-09-05].

④ 罗方述. 中国国家教育管理系统建设实践与展望 [J]. 中国教育信息化，2016 (1)：7-8.

二、教育信息化发展面临的问题

在世界最大规模教育体系里，初步构建了广覆盖、多层次的教育信息化系统，使农村地区、边远地区、贫困地区、少数民族地区缩小了与经济发达地区之间的教育差距和数字鸿沟，推进了教育公平；使优质教育资源惠及广大师生，提升了教育质量。当然，我们也要清醒地认识到，与发达国家深度应用、融合创新的水平相比，我们还较为落后，加快推进教育信息化还面临很多困难和问题。一是思想认识尚需深化。一些地方和学校仍然没有深刻认识到信息社会对教育的新要求、新挑战，没有认识到教育信息化的革命性作用。信息化与教育教学“两张皮”的现象仍然存在，推进教育信息化的积极性有待提高，力度有待加大。二是体制机制尚需创新。教育信息化工作各主体的责任需进一步厘清，数字教育资源的知识产权保护和利益分配机制仍需完善，广大师生和教育管理者的应用动力有待进一步激发。三是网络安全意识和防护能力尚需加强。一些地方和学校没有意识到，在当今网络时代，网络传播不仅涉及教育安全，还涉及国家安全。学校网络安全事件时有发生，只管建设不顾安全、只管硬件忽视软件、只管数据采集不顾数据维护的粗放式管理现象仍普遍存在。四是信息化建设推进进度不一。受经济社会发展水平等多种因素制约，有的地区已大力推进教育信息化应用并尝试融合创新，而有的地区基础设施建设任务仍未完成。面对这些困难和问题，需要进一步提高认识，转变观念，齐心协力，攻坚克难[①]。

① 教育部关于印发刘延东副总理在第二次全国教育信息化工作电视电话会议上讲话的通知［EB/OL］［2011-04-02］.

第五节　教育信息化发展展望

一、教育信息化发展方向

当前，云计算、大数据、物联网、移动计算等新技术逐步得到广泛应用，经济社会各行业信息化步伐不断加快，社会整体信息化程度不断加深，信息技术对教育的革命性影响日趋明显。党的十八大以来，特别是中央网络安全和信息化领导小组成立后，党中央、国务院对网络安全和信息化工作的重视程度前所未有，“互联网＋”行动计划、促进大数据发展行动纲要等有关政策密集出台，信息化已成为国家战略，教育信息化正迎来重大历史发展机遇。习近平主席在致首届国际教育信息化大会的贺信中提出要“积极推动信息技术与教育融合创新发展”，“坚持不懈推进教育信息化，努力以信息化为手段扩大优质教育资源覆盖面”，“通过教育信息化，逐步缩小区域、城乡数字差距，大力促进教育公平，让亿万孩子同在蓝天下共享优质教育、通过知识改变命运”。该论述指明了教育信息化今后工作的目标、方向和途径。“十三五”期间，全面提升教育质量、在更高层次上促进教育公平、加快推进教育现代化进程等重要任务对教育信息化提出了更高要求，也为教育信息化提供了更为广阔的发展空间。

《教育信息化“十三五”规划》明确指出，到 2020 年，基本建成“人人皆学、处处能学、时时可学”，并与国家教育现代化发展目标相适应的教育信息化体系；基本实现教育信息化对学生全面发展的促进作用、对深化教育领域综合改革的支撑作用和对教育创新发展、均衡发展、优质发展的提升作用；基本形成具有国际先进水平、信息技术与教育融合创新发展的中国特色教育信息化发展之路。规划还指出：要全面完成教育规划纲要、教育信息化十年发展规划目标，以及教育部、财政部、国家发展改革委、工业和信息化部、中国人民银行颁布的关于《构建利用信息化手段扩大优质教育资源覆盖面有效机制的实施方案》中所提出的发展目标，基本实现各级各类学校宽带网络全覆盖与网络教学环境全覆盖，优质数字教育资源服务基本满足信息化教学需求和个性化学习需求，网络学习空间应用普及，实现“一生一空间、生生有特色”，教育管理信息化水平显著提高；深化信息技术在教学、管理中的深度应用，促进信息技术与教育教学融合进一步深入，使教师信息化教学能力、学生信息素养显著提升，形成一批有针对性的信息化教学、管理创新模式；发展在线教育与远程教育，推动各类优质教育资源开放共享。

二、未来教育信息化生态系统

教育宽带网络和教育云基础平台等教育信息化支撑环境实现全面覆盖，学校基础设施和应用能力高度发展，各级各类教育管理信息系统与基础数据库系统互联、数据互通，教育云资源平台汇聚优质、开放的丰富资源，信息化和大数据成为国家战略，大数据与教育核心业务的融合是驱动新一轮基础教育改革与发展的创新动力，也是教育信息化发展的趋势。

信息化是实现教育多样性、个性化的有效手段，云计算、大数据、人工智能等技术的发展，使我们能够精细刻画每一个学习者的个体特征，从而在提供大规模教育的同时，针对每个学习者的特定需求实现差异化的教育供给，以此解决长期困扰教育界的规模化与个性化的矛盾。因此，未来教育信息化生态系统是以云平台、大数据为核心，服务于学习者的个性化学习和 21 世纪人才能力发展的综合性信息化学习环境。在这种环境下，云端学校（如图 1-2）成为必然的趋势。

云端教室集电子白板、智能终端、电子书包、电子课本于一体，云终端学习设备成为学习者普遍使用的学习工具；教育云资源平台和教育云管理平台提供无限优质资源和全方位云端服务，实现学习、教学、科

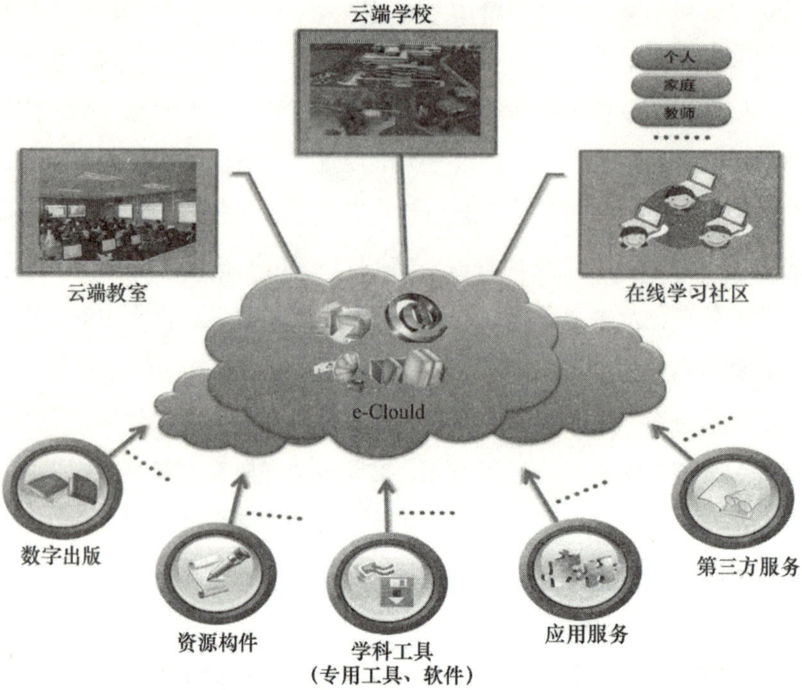

图 1-2　云端学校

研、管理等多功能服务。

未来的教育环境是开放的、无所不在的，联通学校、家庭和社区，普适学习成为常态，技术与教育将实现深度融合，构建起终身学习体系，形成学习型社会。

第二章

技术新进展

第一节　移动互联技术

说起信息技术，大部分人首先想到的是PC机（Personal Computer，即个人计算机）。PC机兴起于20世纪70年代末80年代初，最早由IBM推出。20世纪80年代末90年代初，个人计算机快速发展，1978年，Intel公司推出8086芯片，就是现在X86架构的鼻祖。之后，Intel公司连续推出了8088、80268、80386等芯片，运算速度不断提高。到了1993～1994年，技术的快速发展让这些高端产品可以用于个人计算机，采用这种CPU的机型一般称为X86，如典型机型286、386，当时的386价格大概为三万到五万元人民币。在Intel公司新的CPU更换名字为Pentium（奔腾）系列之后，X86这一称呼也逐渐被人们遗忘，取而代之的是奔2、奔3系列，以及发展到现在的酷睿系列。

摩尔定律，是谈及计算机的发展时必会提到的话题。随着CPU晶体管工艺制程的不断发展，Intel公司的创始人之一戈登·摩尔（Gordon Moore）提出：当价格不变时，集成电路上可容纳的元器件数目，每18～24个月便会增加一倍。这种趋势持续了半个世纪之久，直到2010年国际半导体技术发展路线图将其修正为三年增长一倍。但即使是今天，人们仍在制造工艺上寻求突破，CPU晶体管越来越小，数年前CPU晶体管的制造工艺仍为60nm，随后发展出45nm制造技术，再到32nm、22nm，直到现在最新的i7处理器采用14nm制造工艺。2016年，美国劳伦斯伯克利国家实验室的一个团队打破物理极限，将晶体管的制程从14nm缩减为1nm，完成计算技术界的重大突破。工艺的发展，让一块小小的芯片上集成了上亿个电子元器件，从而具有了强大的信息处理能力，为移动设备的兴起铺平了道路。

多年前，电话的作用还仅仅是通话和发短信，曾经的手机巨头诺基亚更是凭着各种型号的手机霸占多年销售榜首。然而，智能手机的到来迅速摧毁了这个曾经的手机界巨无霸。2000 年以后，智能电话的兴起，iPhone 的风靡，iPad 的出现，以及 4G 高速通信网络的全面覆盖，让信息技术出现了一个很大的转折。现在，人们越来越多地使用移动设备，手机对我们来说不仅仅是通话工具，更是一台精密小巧的信息处理终端，电脑的作用被逐步弱化，人们更多地是在写文档、软件开发等固定办公时使用 PC，而在交流、娱乐甚至是学习时，都越来越依赖于 iPad、智能手机或类似的移动设备。通过移动设备来处理自己的日常事务，借助互联网享受各种各样的信息服务已成为一种常态，而且在数量上移动设备也早已超过了 PC 设备。2015 年 3、4 月份的统计显示，移动设备接入互联网数量达 68 亿，而全球人口不过 70 亿。很多人都不止持有一台移动设备，因此移动设备的互联网接入量非常大。移动设备的快速推广对我们的生活习惯、消费习惯的影响都非常明显。以购物为例，当我们觉得在电脑上用淘宝买东西还很时髦的时候，手机淘宝已经迅速占领了我们的视线，用手轻轻一点，就可以等待物流系统将商品送到手上。

电脑、手机、iPad，这些都是终端，如果没有网络将成千上万个终端联系起来，就不会形成今天的万维网。计算机网络中 ISO 的七层协议，用得很多的是四层协议 IPv4。任何接入到互联网的设备都需要一个身份，就像我们每个人都有身份证、姓名、ID 号，否则设备之间的互联互通和访问就会出现问题。因为网络的世界当中要能认识彼此，必须要通过协议来确认对方，于是每个网络设备都会有一个 IP。但基于 IPv4 协议的 IP 地址数量是有限的，根据 IPv4 地址的规范，总共长度为 32 位，约有 42 亿个地址，除去私有网段、保留网段、本地 127.0.0.0 网段以及组播 224.0.0.0 等网段，实际可用的 IP 地址约为 25.68 亿，目前来看已经不够用了。由于连接互联网的设备和用户越来越多，地址不够分，所以人们发明了长度为 128 位的 IPv6 协议。当 IPv6 协议被普遍使用时，地球上的每一粒沙子都可以分配一个 IP 地址，任何一个人、任何一个物体、任何一个设备、任何一个系统都可以拥有一个独立的

IP 地址。有了 IP 地址后，最大的好处就是任何设备都可以独立地进入互联网世界，跟其他设备进行互联互通。在局域网中，要找到外面的世界很容易，但外面的世界不知道你在哪，要想找到你就很难了，但是当每个人都有一个 IP 地址后，彼此之间就可以互相交流沟通了，这为物联网打下了一个很好的基础。

第二节 物联网与万物信息化

后 IP 时代就是从 IPv4 过渡到 IPv6 后的时代，后 IP 讨论的根本问题是物联网和万物信息化的问题。如前所述，当使用 IPv6 后，每一个物体、每一个人、每一个应用系统都可以以一个独立的身份进入互联网，进行信息沟通和交流，如机器对机器、人对机器、人对物体，等等。这些信息就构成了物联网（Internet of Things，IoT），物联网的另一个名称是万物信息化（Internet of Everything，IoE）。

2011 年 11 月 28 日，国家工信部印发了《物联网“十二五”发展规划》，将物联网视为当前世界新一轮经济和科技发展的战略制高点之一，明确表示发展物联网对促进经济发展和社会进步具有重要的现实意义。2012 年，物联网的相关信息呈爆发性增长，从大家对物联网的信息关注的日益增多就能看出来，同时，RFID（Radio Frequency Identification Devices，无线射频识别）、NFC（Near Field Communication，近场通信技术）等技术为物联网的兴起打下了坚实的基础。

有一种说法是以后没有互联网只有物联网了，没有互联网这个概念了，我们可以从两个层面来理解。一是物联网成为我们现在社会发展的物质基础，成了一个必要条件，完全融入我们的生活，就像现在我们不需要讨论水、电和空气对社会、国民经济发展的重要性一样，我们也不需要去讨论物联网的必要性，因为它是一个必要的存在。另外一个层面就是物联网技术一旦成熟并被广泛应用后，它在以下几个方面将被重点关注：机器与机器（M TO M）之间的交互，人与机器（H TO M）之间的交互，以及人与人（H TO H）之间的交互。物联网不仅支持人和人之间的对话，还支持机器和机器之间的对话、人和机器之间的对话，而且这些对话很多都是智能的。例如之前在网络上火过一阵的交通银行服务机器人娇娇，对于人们提出的问题，它不仅能够回答，甚至还加入了各种语气，让人捧腹。这也是很多领域的物联网所研究、讨论的问题，它为我们的生活带来巨大的变化。在物联网的支持下，我们的社会变得真正的智能化。

随着物联网的发展，人们提出了一系列新的概念：智慧家居、智慧校园、智慧城市等。人们期望智慧产品能够为大众提供更便捷的服务，于是结合各种信息技术、控制技术等提出了大量的解决方案，并付诸实施。但我们要知道，智能化并不是一个容易达到的目标，以我们现在的技术做出的产品，要达到智能这一层级还有很长的一段路要走。

所谓智能，就是使机器、终端、环境具备人的某种能力，如自动控制、自动反应等，在技术上，通过各种传感设备和自动控制系统，这些都是可以实现的。如大家常用的一卡通，一卡通目前应用最广泛的两个领域是购物和门禁系统，从技术上来说，卡里的芯片记载了客户的基本信息，当一个系统可以识别这些信息的时候，就可以从应用层面做更多的事情。在物联网领域中，智能手表、手环等各种可穿戴设备都是物联网中必要的传感器，我们可以通过 Internet、蓝牙、NFC 等技术完成交易，如图 2-1 所示。

图 2-1　借助 NFC 技术完成消费交易

不同的技术标准，为不同的互动环境提供了保障。现在很多手机或平板终端都支持 NFC 技术，NFC 付费也是最新研发的支付手段之一。

除此之外，设备通过蓝牙和 NFC 技术还可以检测人的血压和心跳，甚至包括更详细的生理特征，这些设备时刻获取你的数据，然后根据某项指标对你的身体状况进行评价。举例来说，现在大多数移动设备都支持运动步数的计算，并且有相当一部分人热衷于微信等各种运动步数统计排行，每天都会走上一段路程来展现自己的生活状态，这就是最基础的技术应用。稍微复杂的系统，会知道你的身体状况大概什么样，如果出现症状的话可以随时提醒你去就医。此外还可以加入 GPS 系统跟踪你的行动轨迹，并对你的行动轨迹进行分析，这样就获得了你这一天的身体健康数据和活动情况。这些是最基础的应用层次，现在很多领域如教育、医疗、交通等，在新技术的支持下再次快速发展。可以预见，在各行各业都开始注重信息化的时候，会有更多的东西值得我们思考。

物联网最关键的一环在于传感器。在我们传统的认识中，传感器一般是测温、测湿、传输图像的摄像头等设备，但其实我们可以有更广泛的设想。传感器（Transducer/Sensor）是一种检测装置，能够感知被测量的信息，并将信息按一定规律转换为电信号或其他信号输出，以满足信息的传输、处理、存储、显示、记录等功能的需要。那么引申开来，一款软件，如在线课堂也是一个传感器，人们在课堂里学习，并留下了学习的痕迹，系统就能够获取这些学习信息，并用于其他地方。所以传感器的概念需要扩展，只要能帮助我们获取信息的设备或系统，都可以叫做传感器。在我们的生活中，传感器随处可见，同时相比于以前，采集的数据也更加多样化。于是新的问题也随之出现，大量的传感器所带来的数据量也是巨大的。例如采集个人信息，从前我们只采集姓名、年龄、性别等个人数据，也许只有几行数据，但现在我们能够获取到某个人的生活习惯、行为轨迹、活动视频等信息，无论是种类还是数量，都呈指数增长。对于总体来说，信息量的增长更是一个难以估量的数字，于是大数据这一概念应运而生。

第三节 大数据

在计算机领域，图灵机和图灵测试可以说是无人不知、无人不晓。我们知道计算机的体系结构是由冯·诺依曼设计的，但是在冯·诺依曼设计出计算机结构之前，图灵已经先他一步提出来，也就是说现在的计算机体系结构应该是由图灵和冯·诺依曼共同设计的（在信息科学领域，尤其是计算机领域，有个非常重要的奖叫做图灵奖，相当于计算机领域中的诺贝尔奖，由此可见图灵在计算机领域中的地位）。

艾伦·麦席森·图灵（Alan Mathison Turing）是一位天才数学家，1912 年 6 月 23 日出生于英国伦敦，1931 年，图灵进入剑桥大学国王学院学习，毕业后在美国普林斯顿大学攻读博士学位。1936 年 5 月，他发表论文《论数字计算在决断难题中的应用》，第一次提出了一种辅助数学研究的机器，即后世所熟知的“图灵机”。第二次世界大战期间，德国使用的加密机器 Enigma 让盟军的情报机构焦头烂额，拦截到的信息无法解密，大西洋上的补给船只被德国潜艇不断击沉，虽然后来情报机构将 Enigma 机的结构弄到手并成功复制，但当日的通信密钥却无法得到，即使能够破解，也是在数天之后。图灵的贡献在于：他将具有万亿亿种组合的密码降至十万的数量级，于是可以进行暴力破解，从而让盟军的情报机构可以在较短的时间内破解密文，洞悉德国海军的动向。战争结束后，图灵就职于曼彻斯特大学，并于 1950 年提出了著名的“图灵测试”。“图灵测试”是由图灵提出的一种检测机器是否具有人类智能的方法，具体来说就是，测试者在与被测试者（一位测试人和一台声称自己具有人类智慧的机器）隔开的情况下，通过一些装置（如键盘）向被测试者随意提问，测试者只能通过键盘向被测试者提出问题，在几轮问答之后，如果测试者能够准确地分辨出谁是人谁是机器，那么机器就没有通过图灵测试，反之则可以认为该机器具有人类智能。目前来说，只有2014年英国雷丁大学发布的新闻稿宣称俄罗斯人弗拉基米尔·维西罗夫（Vladimir Veselov）的人工智能软件尤金·古斯特曼（Eugene Goostman）通过了图灵测试。由于图灵在可计算数方面的卓越成就，他39岁就成为了英国皇家学会会员。可惜的是，图灵在1954年自杀身亡，年仅42岁。

后图灵时代，是相对早期图灵和冯·诺依曼设计出计算机体系结构的时期来说的。那时科学家们有一个坚定的信念，就是“只要我们能模拟人脑的计算过程，我们就可以创造出一台机器，能够完全解决人类的计算问题”，所以早期图灵设计计算机的根本目的就是解决计算问题。计算机科学发展到今天，这个目标在某种意义上已经实现了，目前数学上绝大部分的计算问题都可以用计算机来进行处理，包括物理世界的很多问题，比如模拟地震、天气预报、模拟核爆炸等，这些我们都可以用诸如“天河二号”这类超级计算机来进行计算，事实上，计算机已经解决了我们绝大多数的计算问题。然而，现在我们面临的不仅仅是计算问题，而是需要在大量数据的基础上厘清各个事物之间的关系，包括人与人之间的信息沟通，我们需要围绕数据做大量的信息处理和信息沟通的工作，这就是所谓的后图灵时代。

在面对这么多的数据的时候，我们该如何利用和处理呢？现在很多人都说21世纪的数据是人类的“石油”，意味着通过数据能够产生巨大的社会价值以及经济价值，这是我们关注的重点。同时这里还隐含着技术背后的东西，就是人类的思维方式在发生变化。在这样一个充斥着技术的社会，人们希望更准确、更科学地做出决策、做出对事物的判断以及面对各种情况做出正确的反应，即科学化、精确化和个性化。美籍华人涂子沛在《大数据》一书中写道：除了上帝，任何人都必须用数据来说话。这句话从字面上来看也许过于极端，但对于国人来说，这句话却非常重要。我们知道，中国传统文化中，知行合一是一个非常重要的哲学思想。那么我们怎么样才能做到知行合一？在教育领域里，知行合一至少表现在这两个方面：从老师来说，应该把握每个学生的实际情况，并综合得出学生的整体状况，再开展有针对性的教学；对于学生来说，学生需要对自己的学习状态和对知识的把握情况有一个清醒的认识，然后自己决定是不是要去补课、做练习，是不是要问一下老师、同学。这即为知行合一，它建立的前提是先要知道怎么知。在很久以前，教学上有这样一种模式，即师傅带徒弟的模式，学徒式的教育是一对一的，客观上来说师傅能知道这个徒弟的大多数情况，于是就能够有针对性地进行指导。这在很大程度上解决了教育的个性化问题，但是从某种意义上来说，即使在长期面对面相处的情况下，师傅也不能把握徒弟的所有状况，因为人的状态除了外显的特征，还有内隐的特征。现在教育界在某些方面还欠缺科学化、精确化和数据化的思维，这种思维对教育来说意义是非常重要的。因此，我们不但要关注大数据技术和概念应用背后逻辑范式的变化，更要关注我们思维范式包括研究范式的变化，也就是我们如何面对这个世界，如何思考这个世界，如何对这个世界做出相应的反应。

无论是大数据还是小数据，比数据本身更重要的是如何处理、利用数据来服务于我们的生产生活，包括我们的教育，这是一个非常大的变化趋势，值得我们深度关注。比如在超市中售货员会把啤酒和尿布放在一起，从而增加销量，这个案例提醒我们，事物之间的联系是客观存在的，售货员并不知道所谓的大数据是什么，但他通过经验找到了这种关系，并将其应用在实践中，提高了收益。但从数据分析的角度来看，目前我们对于大数据的理解还仅仅停留在对现有事物之间关系的挖掘与寻找上，还没有达到推断决策的阶段，而要达到这一高度，需要多种技术的协同发展，如后面将提到的人工智能等。

第四节 云计算、云服务

信息技术的发展对整个社会发展具有无法替代的作用。所谓计算型社会就是以互联网为代表的信息技术已经成为人类生存和发展的基础，人类社会的生产、经济活动主要有三个层面：生产、消费、流通，政治经济学中有一句经典的话就是经济基础决定上层建筑。透过现象看本质，这一切背后的推手都是经济。整个社会运行的最基层、最基本的决定面还是经济，而信息技术在生产、消费和流通这三个层面都已经彻底地改变了我们社会的整个状态，信息技术深刻地改变着人类生产和生活的方式，所以信息技术不再是一个可有可无的外部工具，而是我们生存和发展的一个重要的物质基础。现在，计算型社会已经形成，而计算型社会一个很重要的基础性服务就是云计算和云服务，也就是以云计算的方式给相应的用户提供相应的服务。这在我们如今的社会已经成为一种常态，例如，淘宝购物、百度网盘，其背后都是由云计算和云服务这种关键技术来支撑的。云计算和云服务并不是一个具体的技术，而是一个计算模型，一个技术集合体，一套方法体系，其目标就是由“云”来向用户提供计算、平台、应用等全方位的服务，让云计算像水、电一样渗透进我们生活的每一个角落。

云计算和云服务包含了从底层算法到顶层应用的所有层面，通常来说，人们将云服务分为 IaaS（Infrastructure as a Service，基础设施服务）、PaaS（Platform as a Service，平台服务）、SaaS（Software as a Service，软件服务）三个层面，即从硬件设施、平台环境和应用程序三个层面向不同的用户提供服务。

我们在进行计算的过程中必然使用到计算机设备，一般的个人计算机应付普通的计算还可以，但在大数据、复杂模型面前，个人计算机就开始显得力不从心。即使 CPU 的运算速度越来越快，但距离满足运算需求还差得很远，于是人们发明了多 CPU 运算，发展了多核多线程技术。由于数据的爆炸性增长，在数据处理性能方面个人计算机仍然远远满足不了需求，能够满足这一需求的，也许超级计算机可以，但这样成本太高。我国的超算中心屈指可数，远远满足不了应用需求，也不可能在每个单位都建设超级计算机。综合考量各种因素，人们采用虚拟机技术，即将成千上万台计算机联结成一个性能堪比超级计算机的整体，统一向不同的对象提供服务。当某个项目的运算需求量较大时，可以申请分配更强大的运算能力，在运算需求量较小时，可以将运算能力分配给其他项目，这仅仅是“云”的计算能力。除此之外还有云存储等应用，我们使用的各种云盘就属于此类。在基础设施服务之上的是平台服务，也就是提供各种开发和分发应用的解决方案，如虚拟服务器和操作系统，这一设计让分散的工作之间的合作更加容易，如网页的应用管理、设计、存储、开发协作等，从工作职能上来说，这一层是面向软件开发者的服务。在 PaaS 层之上就是面向软件消费者的 SaaS 层，这一层是向社会大众提供各种应用软件的服务，如收发邮件、文档管理、娱乐消费等，是最接近普通用户需求的层面。

在教育领域，同样也发生了很大的变革，近年来教育云平台这一概念被提及得越来越多，而原来的数字中心则变成了云数据中心。这个变化并不是简单的名称变化，而是在技术的推动下，从计算模式、服务模式到编程方式都发生了根本性的变化。如现在很多编程方式都是基于 API（Application Programming Interface，应用程序编程接口）的，通过这种方式编写新一代的应用和服务程序，已经构成了当今社会的发展基础。所以，我们千万不能把计算机当成一个可有可无的工具，它极有可能是我们未来生存和生活的必要手段，就像人生存需要呼吸空气、需要喝水一样。如果从这个角度去思考一些教育的问题，我们的视野就会瞬间被打开，发现无限的可能，但是如果简单地把计算机当作一个工具，那我们的思维方式就会受到极大的局限，止步不前。

第五节　超越互联网思维：AI＋HI

互联网思维最热门的时候是2014年，在那一年有很多关于互联网思维的书籍出版，到2015年上半年也很多，但下半年数量急剧减少。这是因为在2015年3月5日第十二届全国人民代表大会第三次会议上，李克强总理在《政府工作报告》中首次提出“互联网＋”行动计划，推动移动互联网、云计算、物联网等与现代制造业结合。7月4日，国务院印发《国务院关于积极推动“互联网＋”行动的指导意见》，定下了“互联网＋”这一概念基础，于是社会讨论的概念慢慢转变为“互联网＋”。互联网思维里有一些很重要的特性，这些特性是由互联网技术特征所带来的，比如开放、包容、共享、免费等。当我们将互联网看成社会一个必要的物质基础时，我们就要做一些更深层的思考，在互联网、物联网之上又是什么？

现在的许多科技在以前看来都像是天方夜谭，就像一开始出现手机的时候，大家觉得很神奇，一个像砖头一样的东西却可以和远处的人通话，然而今天，我们每个人都有一部手机，而且其功能非常强大。从未来看，这根本就不算什么，是一件很自然的事情，那时候我们又会考虑什么问题呢？可能是AI＋HI。AI（Artificial Intelligence）是人工智能，HI（Human Intelligence）是人类智能，AI＋HI就是研究如何把人工智能技术和人类智能技术紧密结合起来，或是协同起来。如果我们把AI看作外脑，HI就相当于内脑。2011年美国密歇根大学的三位心理学教授做的实验得出了一致的结论，即自从有了谷歌搜索引擎以后，人们就无意识地不再记忆一些常识性的东西，这不是有意识的选择，而是人们在不自觉的情况下就不再记忆这些，就像我们习惯有困惑就去百度一下一样。这种行为说明人们对于简单信息的记忆方式发生了变化，只要我们拥有搜索引擎，就可以通过它获取常识性知识，从而可以将大部分精力用于创造性知识的学习。

近期的一个著名事件就是 AlphaGo 的出现，它实际上是一款围棋人工智能程序，由谷歌旗下的 DeepMind 公司开发，其主要工作原理是“深度学习”。2016 年 3 月，它与世界围棋冠军、职业九段棋手李世石进行人机大战（如图 2-2 所示），并以 4∶1 的总比分获胜，不少围棋职业选手认为 AlphaGo 已经达到甚至超过围棋职业九段的水平。这是很神奇的，因为相比于人来说，目前机器还不会被情绪这一因素干扰，人

图 2-2　AlphaGo 与李世石的围棋对决

却会有心理压力。另外 AlphaGo 的学习能力越来越强，在比赛之前它已经学习了上百万种棋谱，比赛之后它又掌握了李世石的出棋风格，大家也知道人类想改变下棋风格来达到很好的效果并不是一件容易的事。近期一位 ID 名为 master 的棋手在中韩日的在线围棋平台上大杀四方，面对各国顶级棋手豪取 54 连胜，已被证实这是 AlphaGo 在围棋平台上收集数据。AlphaGo 出现之后，大家对人工智能的担忧再度泛起，未来的世界可能是少数人通过控制机器来控制世界，不少美国科幻电影中出

现的场景都可能成为现实。人工智能技术的兴起对于人类的挑战是前所未有的，这种挑战不仅仅是技术层面，也不仅仅是生产生活层面，更多的是能力方面。人和机器到底是什么关系？到底是人类控制机器还是被机器奴役？这些都会引起我们深层次的忧虑，我们必须正视人工智能技术的发展。技术在很多时候都是一把双刃剑，如核裂变，人们可以将它应用于核电站，也能用来制造核武器。人工智能也是如此，就目前来说，它给人类带来的正面影响更多。

AI 技术在人类的发展过程当中可能为我们做很多事情，那么它是如何服务于人的成长，如何服务于生产生活的呢？这个问题值得我们深思。尤其在当下的教育领域，更需要 AI＋HI 的结合。教育以培养人为目的，自始至终都服务于人的成长，按照控制系统的理论来说，教育系统是回路中包含人这一因素的系统，也叫人机闭环系统，简称人在回路。一般的控制系统是一个闭环，输入、判断、输出、做出相应的反应是一个闭环、一个回路，而教育系统中一定是人在回路，因此我们要充分地把 AI 和 HI 结合起来。对于个人来说，问题在于如何充分利用外网。互联网给我们带来便利，但是对于整个教育系统而言，我们在利用机器给我们带来巨大的助力来服务于人的成长的同时，也要充分考虑人在回路，这已经上升为哲学层面的思考。举例来说，我们在研发教育系统时，绝不可能完全替代老师的工作，老师也不可能按照我们设计的程序去一步一步完成教学工作，我们设计的应该是一个属于老师的舞台，让老师可以做他想做的事情，帮助他更方便、更快捷、更好地、更有可能地去实现他的教学过程和教学设计，这就要充分考虑人在回路。培养孩子也一样，机器是无法替代人类的。

AI 带来的发展是很惊人的，Windows 10 里自带一个“小娜(Cortana)”的应用，你可以问她各种各样的问题，她都可以借助互联网来帮助你。苹果手机中也有一个软件叫“Siri”，用户只要对着手机发问，就能够马上得到答案。那么我们可以想象，在未来，每个人出生以后，互联网的虚拟世界中都有一个类似于“小娜”或是“Siri”这样的机器人陪伴你一生，随时提醒你添加衣服，今天作业有没有做完，这个知识点有没有学好，有哪些同学呼叫你，等等，它会随时随地获取你的信息，跟踪你的状态，给你合理的建议，推送合适的学习资源，推荐合适的老师，帮助你安排好自己的生活……这一天并不遥远，而这些要靠AI技术来实现。

从目前来看，AI技术是理想的发展方向，前面提到的所有技术都会用到，移动互联、大数据、云计算、物联网都会为它服务，最终体现为机器和人的对话。现在许多应用其实都已经部分实现了这种功能，如高德地图，用户只要说我要去哪里，它马上就会在地图上将目的地标示出来，并为用户指示最快、最便宜或换乘最方便的路线。一些订餐外卖软件，可以根据用户的地点提供外卖信息，并根据用户以前点过的菜来进行推荐，等等。一旦打开应用软件，所有信息都会推送给用户，之所以可以做到这一切，就是通过日积月累不断地收集用户的信息，形成一个庞大的数据库来进行分析和判断，并给出合理的建议，于是用户便能享受到非常贴心的服务。当然伴随着这种贴心服务的同时又存在一种风险，用户也许会对它产生依赖，会被它控制，但从法律的角度上来说，它既然是为人服务的，那么涉及安全、隐私等问题都需要有相应的条款和规范去约束。

第六节 超越互联网思维：VR+AR

VR（Virtual Reality）是虚拟现实，AR（Augmented Reality）是增强现实。虚拟现实追求的是人在各种环境中沉浸式的体验，增强现实是通过信息技术对现实世界进行补充和增强。VR 的概念其实很早就出现了，多年前人们就用头盔式设备模拟现实世界，但受限于技术，当时的画面仅仅能够为人们提供一种虚拟的感觉，距离现实还很遥远。但现在，技术难关被不断攻克。Facebook 2014 年收购了一个叫 Oculus 的公司后，研发了 Oculus Rift 这一 VR 设备，这个设备外形像一个头盔，戴着这个头盔，用户就可以进行各种沉浸式体验。VR 技术的进展来源于两个方面，一方面是虚拟现实的渲染和场景的逼真营造方面的硬件技术取得了突破，另一方面就是以 HTC 王雪红为代表所做的沉浸式体验。王雪红早期做的智能手机，不仅让用户沉浸于看，还有交互，以及通过摇杆、手柄让用户沉浸其中。VR 在过去一年多的时间里突飞猛进地发展，得到业界密切的关注。VR 最大的应用场景是娱乐和消费，例如游戏，用户可以比以前玩得更刺激（但现在有的游戏会走向极端，它为了让更多的用户沉浸其中，做了很多不恰当的设置，这就走向了事物的反面）。此外其他领域比如旅游领域也有应用，以福州成立的 VR 基地为例，制作人员把福建的山山水水都做成了虚拟的影像，人们没时间去福建，没关系，只需要带上 VR 眼镜，就能把福建的山山水水都走遍，而且很逼真，甚至比实际去旅游还要看得更多，足不出户游天下，VR 技术把这句话变成了现实。

2009 年，电影《阿凡达》上映，《阿凡达》里面主角使用的就是 AR，AR 强调把现实跟虚拟相结合，产生一种超越真实的感觉。AR 这一概念起源也很早，在 20 世纪 90 年代，波音公司的 Tom Caudell 等人设计了一个辅助布线系统，就是将布线图显示在头盔上，工作人员在修理线路的时候可以不去寻找布线图，直接透过头盔上的图像进行对比，这种头盔式的 AR 被称为 S-HMD（See-through Head Mounted Displays，视透型头戴显示器）。随后发展出采用全息投影的显示模式，2000 年 Minolta 公司提出了这一概念，但并没有实际的产品。一直贯穿于 AR 技术发展的是基于显示器的技术，无论是电脑显示器，还是投影、大屏电视、平板，均能胜任。这些 AR 技术，都是在现实世界的基础上，增强了一些数据的显示或是影像的显示，并没有达到互动的效果，直到 AR 与 VR 技术逐渐走向融合，走向交叉，开始对物理世界产生越来越深刻的影响，也就是 MR（Mix Reality），即混合现实。

混合现实这一概念是由多伦多大学教授 Steve Mann 提出的，全称 Mediated Reality（介导现实）。混合现实包括了虚拟现实和增强现实，它包含现实世界，并对现实世界作出补充，但同时还包含基于现实世界的虚拟物件，用户也能够与虚拟物件进行交互。谷歌与微软公司都对这一技术展开了研究，2012 年，谷歌率先发布了 Google Glass，但严格意义上来讲，这是一款 AR 产品。2015 年 1 月 19 日，谷歌停止了该项目，转而加大了对另一家公司 Magic Leap 的投资。就在 Google Glass 项目终止 10 天后，微软召开了盛大的发布会，这场发布会上最引人瞩目的就是微软的 MR 新产品 HoloLens。它可以先对用户所处的环境进行扫描，然后用户像操作电脑一样，用各种手势在空荡荡的墙上摆放一台电视，在茶几上放上一个带着天气预报的鱼缸，甚至还有一只可以和自己互动的电子宠物，如图 2-3 所示。这种互动方式震惊了全场，让在场嘉宾觉得仿佛置身于科幻世界之中。随后，基于 HoloLens 的软件接口和一些简单应用发布出来，HoloLens 也可以在市场上购得，结合 3D 打印等新兴技术，可以让用户体验一把未来的感觉。

其实无论是 AR、VR 还是 MR，改变的是人与虚拟世界之间交互的界面，改变的是人机交互的方式，由于技术的突破，它被称为下一个“风口”。“风口”这个词是雷军提出的，他说了一句在互联网世界中很经典的话：“站在风口，猪都可以飞起来。”意思是如果你在一个合适的领域当中，就可以很快地成长，走向成功。这些技术跟教育的结合还有

图 2-3　微软全息眼镜 HoloLens

很多的切入点，例如它既然是一个交互的界面，那对于我们来说，意义就很不一般，我们如何与虚拟世界打交道？我们如何让虚拟世界走进现实世界？我们又怎样走进虚拟世界？这都是值得我们思考的问题。实际上，在社会的方方面面，我们已经可以看到这些新技术的影子：医疗领域中，医生可以用虚拟现实设备来模拟手术实况，让自己更加熟练；军事领域中，士兵可以通过虚拟现实来模拟战场进行演习，也能够用增强现实设备来辅助战场行动；建筑工程领域中，工程师可以构建一个虚拟的大楼，并模拟应对各种突发事件，测试大楼结构稳定性。现在我们用到教育领域中，比如我们怎么培养孩子的消防意识，使他们掌握在火灾中逃生的方法，以前我们主要通过动画模拟火灾现场，孩子们会觉得火灾离自己很远，但现在让孩子感觉自己真的在这种场景中，该匍匐的时候就匍匐，还得用毛巾掩着口鼻，让真实感更强。中国运载火箭技术研究院原党委书记梁晓红在谈及中国新一代火箭“长征五号”和“长征七号”时，有记者问她中国的太空旅游怎么样，她就说了一个笑话，她说你不要问我这个东西，中国的太空旅游如果说人数不受限制的话，你要买票也只能买个单程票。她的意思是人类要实现在太空中旅游还有很长的路要走，即使前段时间 SpaceX 公司回收火箭的消息让人很振奋，但要想自由地在太空中漫游，仍是很遥远的梦想。然而在虚拟世界里，我们可以走遍太空的每一个星座、每一个星球，而且可以记录真实的数据，如微软 WWT 记录了海量天文真实数据，这些数据再结合虚拟的世界，就能看到所有星空的构成，这就是 AR 在天文教育中的应用。

从计算机的兴起到万物互联，从单机运算到云计算、大数据，从人机交互到虚拟现实、增强现实，每一代的技术革新都为教育提供了无数的机遇和挑战。我们不仅要追求技术的发展，也要在教育领域研究如何利用这些技术提高教育和学习的质量。大批的教育工作者在技术的引领下不断创新，为教育的发展做出了巨大的贡献。在信息技术高速发展的激流中，我们更应该坚持以教育为本，时刻谨记技术服务于教育这一理念。

第三章

技术与教育融合趋势

第二章提到了不少信息技术领域的新技术及新进展，比如移动互联网、物联网、云计算、人工智能、大数据等，这些新技术及新进展与教育和教育技术之间有着千丝万缕的联系。本章将先就这些新兴技术进行简要的讲解，之后再具体探讨技术与教育的融合以及未来的发展趋势。

笔者曾在 2014 年上半年国家科技部讨论会的基础上做了一个总结，主要内容包括《教育信息化“十三五”规划》在部署下一轮的教育信息化工作时，如何在数字教育领域做好技术与教育的结合，明确它们之间的整体趋势，并且能够方便国家安排好数字教育发展方向中应注重的科技内容①。要了解上述趋势，首先需要了解在国家科技部的科技发展序列中“教育”所处的位置。在科技部整个支撑计划中，对具体的计划方案进行细致的划分，会涉及诸多的发展领域，其中一个领域叫做现代服务业。现代服务业与信息技术融合的范例逐步增多，形成了一个与我们现代生活息息相关的新兴板块——新兴服务业，其中包含大家耳熟能详的数字医疗、数字旅游、数字金融等模块。这其实就是我们非常熟悉的“互联网＋”模式。众所周知，国家对“互联网＋”领域的重视程度逐年上升，任何一个行业或领域，只要与“互联网＋”模式相结合，都会提升国家对该行业的重视程度。同时我们也应该了解，各国政府部门都会不遗余力地在公益性质领域里进行投入，而教育就是公益性质领域的金字招牌。“互联网＋”与教育两者相互结合，无疑能提升政府对数字教育的重视程度。“互联网＋”环境下的教育技术，或者说关于教育的技术研究，也就纷纷被国家的各类规划项目提上了日程②。

正是基于这样的大趋势，在教育部的人文社科基金中，在科技部的各类基金以及国家社科基金中，“互联网＋”领域的相关研究都得到了相当大的经费支持，这为教育领域信息技术的开发和应用打下了坚实的基础。最近，国家政策开始更多地鼓励创造与创新，企业也需要响应国家的号召进行产业的转型升级，可是这些政策、规划在实施时，最需要

① 《教育信息化“十三五”规划》[EB/OL] [2016-06-07].

② 刘越. 互联网：融合创新，迎接“互联网＋”时代 [J]. 世界电信，2014 (3).

解决的问题还是创新型人才的发掘及培养[①]。创新型人才培养的问题，最终还是落在教育上，也就是需要解决如何培养人才，如何保证能够向社会及企业输送创新型人才的问题。由此可见，国家对教育领域重视程度的提升，是社会发展的必然结果。

随着时代的发展，技术与教育结合的内涵也发生了很大的变化。现在所说的技术与教育结合的发展，不仅仅是指技术发展本身，而是以信息技术为手段，将心理学、社会学、教育学以及多种理工科的知识内容、方法手段进行融合，突破原有的思维限制，形成一个崭新的框架。

本章提出的技术和教育融合的趋势，其初衷是服务于国家的战略规划，所以在进行初步设计后提出了六个发展趋势和方向，在这里将六个方向的内容与各位读者分享。从科学的角度思考，这六个趋势并不是十分严谨，在某些部分也会有一定的重叠，但是笔者认为它们都有各自的特殊性和侧重点。将它们拿出来分享，是希望能够帮助各位读者朋友换一个角度来进行思考，从而更透彻地了解信息技术、“互联网＋”以及信息技术与教育融合的发展方向。

---

① 方海光．教育大数据：迈向、共享、开放、个性的未来教育［M］．北京：机械工业出版社，2016（12）：212.

第一节 数　字　化

数字化这个名词大家并不陌生，在日常生活中肯定也经常听说。我们这里所说的数字化，指的是教育领域中的数字化。熟悉教育技术史的读者可能知道数字化的一个早期说法，在中国教育技术发展的起步阶段，国家一直在提倡电化教育的概念，这个概念的出现或者说命名有它独特的由来，并且包含了其相应的技术特征。电化教育，顾名思义，在过去就是使用投影、幻灯、录音、录像、电视等手段进行的教育，也涉及广播及卫星信号传输等电子化的手段，所以在电化教育的概念中，也有电子化的含义在内。我们这里提到的趋势是数字化，而数字化与电子化及电化教育所指的内容是不一样的①。

电子化更多地是指把我们教育教学中的传统流程、资源简化，比如我们熟悉的电子书包，其实就是把教材中的内容以及作业等全部集成为Pad中的APP，不再使用物理的或者物质的载体来装载内容。基于此，电子化的产品大多包括电子教材、电子作业等，其本质是将传统教育教学环节中的内容以电子化的方式装载和呈现。

而数字化和电子化在这个方面有很大的区别。首先必须承认，电子化是整个技术领域以及各个行业发展进步过程之中的必经之路，经过了电子化的洗礼之后，才会有更多的创新、更多的想法。进一步来说，数字化就是电子化之后的一个创新趋势。从提倡电化教育开始，中国的教育信息化经历了多年的探索，形成了一定的基础，在这个前进的过程中，教育信息化融合发展也经历了许多的变化，每个阶段的信息技术都有一些具有代表性的特点。比如最初的多媒体教室，其实就是一个教室配置了一台电脑，再发展为多配备一台供显示的电视或者投影，使用简

---

① 何克抗．我国教育信息化理论研究新进展［J］．中国电化教育，2011（1）：1-19.

单的多媒体软件进行教学资源的呈现。随后是电子白板的出现，在呈现多媒体教学资源的基础上，实现了互动的功能。随着时代的发展设备逐步升级，多媒体教室增加了互动终端，甚至搭配了方便易用的 iPad①，这就改变了整个课堂的互动氛围，也将课堂从纸质课本或者纸质素材电子化的局限中解放了出来。我们可以想象得到，使用 iPad 之后，课堂的学习可以承载更多的内容。当然教育信息化远远不止以上内容，根据之前的经验，站在教育信息化技术或业务层面来考虑，想要达到目标，必须做到两个方面的信息化，一个是教育管理的信息化，另一个是教育教学的信息化。教育管理的信息化相较于教育教学的信息化问题，比较容易让人了解，也更容易解决，而且是解决教育教学信息化必须处理的前置问题。

解决了教育管理信息化的问题后，就需要面对教育教学信息化的问题了。这个问题形成的客观原因在于，虽然所有教育工作者都知道，使用信息技术将教育教学电子化之后可以提高一定的工作效率，并且都有向这方面发展的倾向，也都了解教育教学有其内在规律，可是到真正需要落到实处时，教育工作者却不知道如何来推动信息化的进程。很多教师已经配备了笔记本电脑，学校也已经建立了多媒体教室，但依旧不知道应该如何在教学中落实。教育教学的信息化和教育管理的信息化走到今天，都面临着进一步发展的迫切需求，也就是从目前的电子化蜕变成数字化，而要激发这种蜕变，就必须承受改革和创新的压力。

下阶段的工作任务是进行信息化教育教学的流程再造和教育教学整个结构的重构，它不单单是使用传统教学流程后再进行电子化这么一个简单过程。为了让各位读者更加清晰地了解数字化趋势，笔者再举几个例子。比如数字化给教材带来的改变，现阶段所说的教材电子化，一般指电子课本以及其他类似的形式，电子教材在中小学中的应用比较多见，而在高等教育范围内的应用还比较少。相对于传统教材，它主要的改变是将纸质文本的组织结构内容变成了图片加视频的呈现形式，课后

① 黄荣怀，杨俊峰，胡永斌. 2012，从数字学习环境到智慧学习环境——学习环境的变革与趋势［J］. 开放教育研究，2012（1）：75-84.

的作业也可以进行交互。然而，除去这些表象的变化，有一个本质问题是这种技术没有改变的，那就是整个课程内容的组织结构还是遵从课本按照章节编排，在使用时需要点击翻页，或者是进行章节之间的切换或跳转，知识内容局限于书本的痕迹较为明显。电子课本虽然表象发生了变化，但是核心仍然没有改变。

传统的纸质课本会用我们常见的方式将内容进行组织呈现，因为它受技术手段制约，纸张作为文字或其他内容的载体，限制了学习内容呈现形式的多样化；但是在数字化的虚拟环境中，以信息技术为支撑的学习内容却不受此局限。我们的教材可以根据支撑环境的不同以多种方式呈现，也可以根据个人需要，提供个性化的教学内容。学生的学习路径可以与传统课堂的齐头并进区分开来，在满足学习大纲要求掌握的知识的前提下选择不同学习路径，并且形成不同学习进度的整体学习情况。学生可以自由地组织所需的学习素材和资源，知识是以网络结构的方式来建构和组织的，在网络环境的支持下，学生的学习情况也可以建设成为生成性的资源重复利用①。

在传统的教育教学中，还存在着一个难以解决的问题，即学生学习个性化的问题。什么是学习个性化的具体表征呢？举个例子，某些学生有阅读障碍，最明显的就是很难长时间把注意力集中在一本书或者一件事上，这并不是他自己不愿意，而是生理原因造成了思维障碍。这种问题在传统教学或者电子化的环境中是很难解决的，因为在传统的大班教学中，教师很难顾及个体的差异性。但是在数字化环境中可以尝试解决这个问题，比如改变资源的呈现方式，或者采用有声小说的方式将学习内容读给这类孩子听，让信息化教学适应学习者的需要。注意个性化的区分，并按照这种区分设计个性化的教材，对教师和学生都将助益良多，也是数字化下一步发展的重要趋势。

数字化的发展进程中，创新未来的趋势也出现了不少。举例来说，

---

① （英）维克托·迈尔-舍恩伯格，肯尼思·库克耶，著. 赵中建，张燕南，译. 与大数据同行：学习和教育的未来［M］. 上海：华东师范大学出版社，2015（1）：28-31.

最近一段时间，MOOC（慕课，也作 MOOCs）可以说是风生水起，国外有 Coursera、Edx 等知名 MOOC 平台，而国内的各大高校也纷纷效仿，建立了自己的 MOOC 平台，如清华大学的清华学堂、华中师范大学的云课堂，等等。在这里，首先解释一下 MOOC 的基本内涵。国内外学术界大多倾向于按其名称 MOOC 所给出的四大特点去理解[①]：

（1）大规模（Massive）——MOOC 的注册学生往往多达数千、数万甚至数十万，针对一门课程开展如此大规模的教育教学活动，在人类历史上前所未有。

（2）开放（Open）——MOOC 突破了人群、时间和空间的局限，任何一个人，只要能上网、有时间、有学习意愿，都可以进行 MOOC 的学习。

（3）在线（Online）——MOOC 是在线开展的一种教育活动，而在线是指利用互联网来从事各项活动。

（4）课程（Courses）——MOOC 是在线教育与开放教育发展的必然产物，所以 MOOC 主要是远程教育类和在线教育类课程，它和传统课程有相似之处，也有不同之处。例如 MOOC 强调讨论、交流与互动，而且往往有基于大数据的技术支持，等等。

MOOC 发展的势头非常迅猛，而国内外学术界两种完全不同的看法则让人产生“冰火两重天”的感觉[②]。持正面看法的学者认为，MOOC 的最大作用是为来自教育落后地方的学生打开了一扇通向世界的大门。只要能上网，全世界任何角落的任何人都有机会修习哈佛、斯坦福、麻省理工等名校大师们精彩的课程。而持负面看法的另一些学者则认为，MOOC 可能因欧美大学的扩张而对全球高等教育带来极大损害：不是缩小或消除数字鸿沟，而是急剧地扩大数字鸿沟。

在这里，我们暂时不讨论这种以 MOOC 为教学手段的模式会给我

① 王萍．大规模在线开放课程的新发展与应用：从 cMOOC 到 xMOOC [J]．现代远程教育研究，2013（3）：13-19.

② 何克抗．关于 MOOCs 的“热追捧”与“冷思考” [J]．北京大学教育评论，2015，13（3）：110-129.

国的教育带来什么样的冲击，但是考虑到基于大数据的技术和基于多重交互的在线学习方式对于 MOOC 实现个性化学习与按需学习的美好教育愿景（也就是真正体现 MOOC 在线学习方面的本质特征）是具有至关重要意义且不可替代的两个关键要素，所以下面再对这两者做进一步的说明。

基于大数据的技术：大量数据的挖掘、存储、计算与分析，其前提是人手一机。这个“机”通常不是 PC，而是简单的移动终端（也称为云终端）——每个学习者从云终端输入自己的学习行为数据，并存储到云里。这些记录每一位个体行为的数据，表面上好像是杂乱无章的，但当数据积累到一定程度时，群体的某种行为规律和某个时间段内的个体行为规律就一定会在这些数据上体现出来。

基于多重交互的在线学习：多重交互包括人机交互及师生交互。人机交互即学习者与学习内容或学习资源之间的交互，为了强化学习者与学习内容之间的交互，MOOC 强调每周都要布置测验和作业；而师生交互是指教师和学生之间的各种互动①。

MOOC 的产生和发展给我们的教育带来一个非常了不起的成就，但是大家首先需要知道 MOOC 并不是一门技术，而是一种学习的方式，或者把它定义为一种教学模式。在这种教学模式中，无论运用的技术多么高端，从教育教学研究的角度来看，它仍然处于一个课程搬家的阶段。换一个说法，不管一门 MOOC 使用的技术如何强大，覆盖面多么广泛，但它目前所停留的表现形式导致它的特性仍是固定的，在运用过程中，仍能找到许多与传统课堂结构的相似之处。比如 MOOC 需要在特定的时间开课，学生每次学完课程之后需要完成平台上老师布置的作业，需要完成 MOOC 平台的考试，以判断学生是否能够拿到一个代表其学习成果的证书。所有这些环节，其本质甚至是发生的顺序，与我们在物理世界的环境中进行学习的区别其实并不大。MOOC 带来的最大变化，是其利用信息技术手段给我们的学习带来了一定的便利，解决了我们在学习特定课程

---

① 何克抗．论教育信息化发展新阶段［M］．北京：北京师范大学出版社，2016(1)．

时，学习地点、学习人数以及在特定的一段时间内学习时间自由度的安排等问题。它确实打破了我们教学中的部分局限，但做得还不够。从一个学习者的角度进行分析，如果学生乐意与任何一位学习者成为学习的同伴，并且也愿意转换自己的学习地点进行学习活动，那目前 MOOC 所呈现的优势就并不明显了，因为抛开这些因素不谈，它的教学给学生带来的体验其实就是传统课堂的课程搬家[①]。

那么 MOOC 的形式是失败的吗？当然不是。在数字化的进程当中，我们需要这种形式，但是要做到更好，就需要做更多的变化。我们知道所有线上的技术与碎片化的教育资源进行结合，会比在物理世界的线下资源整合形式更多，组合得更好，并且会产生千千万万种组合方式来应对不同的学习需求。无论我们利用何种教育教学的技术、方式或者模型，比如说 MOOC、云课堂、电子书，将这些技术基于教学进行融合，比如在电子书中能够观看微课视频，形成 MOOC 形式的作业提交，进行学生之间的交流，看见教师的实时批注，并将这些单线条的技术、方法组合形成多线条的学习方式，甚至是学习的生态系统，整个教育教学就会发生巨大的变化。之后的结果就是，课堂无处不在、学习无处不在。这种数字化的趋势，在很多方面早有体现，不少领域的学者专家已经在进行这方面的实践，并提出了领域内优秀的解决方案。比如我们之前提到的出版印刷行业，在传统出版中，新书的出版速度受很多客观因素的制约，书本的更新速度、覆盖范围、准确程度在很大程度上也被这些因素所制约。但是随着数字化的发展，尤其是互联网渗透到我们生活的各个层面之后，在电子世界中的出版印刷业将会呈现出完全不同的面貌。数字媒体甚至是自媒体的发展，使人类继承和传播文明的方式发生巨大改变，很多优秀的文化遗产都将被数字世界承载。著名的《不列颠百科全书》（Encyclopedia Britannica）的全面电子化就是一个非常好的例证。这本书被称为是当今世界上最知名也是最权威的百科全书，是世

---

① （英）维克托·迈尔-舍恩伯格，肯尼思·库克耶，著. 赵中建，张燕南，译. 与大数据同行：学习和教育的未来［M］. 上海：华东师范大学出版社，2015（1）：15.

界三大百科全书（《美国百科全书》、《不列颠百科全书》、《科利尔百科全书》）之一，至今已经有240多年的历史。而其出版公司在2012年3月宣布停止印刷纸质版，将全面转向数字版，并对外宣称：这套百科全书将会继续存在——以更大、更全面、更有活力的虚拟化形式存在。在数字化时代，学习方法已经远不是传统的查找参考书，这源于网络百科兴起而形成的挑战，并被认为预示着纸质大部头辞书将成为历史①。

类似的事情在近些年层出不穷，包括我们大量使用的百度及谷歌等各种各样的搜索引擎，我们在维基百科里所发表的感想，甚至包括我们在微博上所发表的状态或内容，都给教育带来了巨大的变化及挑战。数字化是教育技术学科中的永恒课题，我们一定要正确理解这个概念，并不只是简简单单地将教育环境及教育资源电子化，而是包含着教育创新的数字化发展。

数字化校园或者说智慧校园建好后，如何使用数字化引领教育未来的进程就变成了一个非常重要的课题。以前的数字化校园是组建网络，并连接到各式各样的基础设施、机房等，之后在各种设施设备上添加多种应用系统，在应用系统上支持不同的应用和不同的终端，比如Pad、PC等，如果再进行添置，无非是继续添加一卡通、安全监控等。在数字化环境下，在物联网中添加了信息感知层。信息感知层是监控、一卡通、Pad、手机、手环等各种各样的传感器材，用于搜集学生用户的各类数据②，以达到对学生信息“量化”（量化的概念会在后续的内容中讲到）的目的。在信息感知层下面才是网络层，将信息传达到数据中心，在数据中心进行融合，再进行分析和控制，或者将信息送至每一个学生的手中。在未来的教育发展中，这一技术将成为未来数字化教育的重点内容。

---

① 《不列颠百科全书》沉浮录［EB/OL］［2012-03-26］.

② 黄荣怀. 智慧教育的三重境界：从环境、模式到体制［J］. 现代远程教育研究，2014（6）：3-11.

第二节 融 合

第二个趋势是融合，这里的融合主要是指信息技术与教育教学的融合，包含如下三个层面。

第一个层面是学习空间。关于学习空间，在传统教育概念中无外乎以下三种：在学校的学习、在家的学习以及在户外的学习。这是根据学习地点定义的三种不同的学习场景或学习空间。这些空间都有一个共同特征：基于物理世界的环境。随着信息技术的发展，产生了第四种学习空间的概念，即“虚拟空间”，也就是脱离了三维物理世界的“第四维”空间。

在传统的教育教学当中，一直存在一个难以解决的问题。我们强调教育是“三位一体”的，即它是学校、家庭和社会的结合，但是由于理想和现实教育情况存在差距，造成了严重的教育失衡：所有的教育实施都放在了学校的层面，家庭的教育以及社会的教育都被忽视了。产生这个问题的根本原因就是没有一个很好的机制将三者进行有机的串联。“第四维”空间的出现，恰好能够解决这个问题。它的出现，能够消除物理空间的隔阂，能够将学校、家庭、社会的学习无缝地连接到一起。比如“家校互通”能够让家长了解孩子的学习近况，对孩子的成长产生很好的促进作用。“第四维”空间的出现客观上确实达到了这个目的，但是如果想要做得更好，还有很长的路要走。

一个很大的问题就是“第四维”空间本身是一个十分松散的虚拟环境，学生在网络空间中规范约束和调整自己的行为会面临很多挑战，无休止地沉迷于游戏和过度地阅读网络小说都是容易出现在年轻学生群体中的问题，所以虚拟空间的使用面临着很多不确定性。解决好这些问题之后，依然有很多事情值得我们去思考，比如说如何结合好这四种不同的空间，如何开展并促进我们的教学，如何让课堂脱离传统的授课方式等。

随着这些问题研究的不断深入，翻转课堂的教学模式慢慢地被摸索和发掘出来，成为近年来全球教育界关注的热点，并在2011年被加拿大《环球邮报》评为影响课堂及教学的重大技术变革。翻转课堂于2007年开始出现，2011年以后就迅速扩展至全球。作为一项影响课堂教学的重大变革，其实施效果——对学科教学质量和学生能力素质的提升，客观地说确实是显著的，否则不可能在全美乃至全球产生如此广泛而深入的影响。尽管在实施过程中也曾出现过一些偏差，如增加了学生的学习时间、教师制作教学视频的负担过重或教学目标未能全部达成，但这些都是个别现象，并非主流。然而，翻转课堂在国内的影响好像并不大，真正实施翻转课堂的学校在国内也不多，原因何在？笔者认为主要是因为翻转课堂的实施存在着两个限制条件，以及若干项挑战①。

限制条件之一：翻转课堂的实施需要有网络化教学环境的支持。早期的翻转课堂，要求学生课前在网上观看教学视频。2011年以后，随着MOOC的崛起，翻转课堂吸纳了在线开放课程的优势与特点，而在线开放课程则离不开网络教学环境的支持。

限制条件之二：在基础教育阶段，由于学生年龄偏小，知识与能力的基础以及学习的自觉性都有待提高，所以翻转课堂往往是在高中或大学阶段开展，而在义务教育阶段并不适合。这一限制条件的提出得到了许多教育专家学者的赞同。

除了上述两个限制条件以外，未来要在更大范围实施翻转课堂这种全新的教学模式，结合中国的国情，还将面临以下挑战。

挑战之一：各学科优质教学资源的研制与开发。翻转课堂要求学生在课前观看教师的视频讲解——这类视频材料早期是按照传统方式录制的，后来发展成为与一个个知识点相结合并配有针对性练习的“微视频”。每个学科的教学内容、知识体系、知识点组合等均有很大差异，

---

① 何克抗. 从“翻转课堂”的本质，看“翻转课堂”在我国的未来发展［J］. 电化教育研究，2014（7）：5.

如想在多个学科中推行翻转课堂这种全新的教学模式，并且要力争做到常态化的话，需要的资源数量是巨大的。

挑战之二：教师的教育思想、教学观念急需更新。翻转课堂采用“混合式”学习方式，它包括课前的在线学习和课堂面对面的教学两部分。前者是以学生自主学习为主，但是仍需要教师的启发、帮助与引导；后者是在教师指导下由学生围绕作业和实验中的问题，或教师提出的某个专题进行自主探究或小组协作研究。显然，要把这两部分的教学开展好且都达到预定的教学目标，教师的教育思想和教学观念必须更新。

挑战之三：课前在线学习时间和课堂面对面教学的时间亟待调整或变通。翻转课堂要求学生在网上学习微视频，但是由于种种原因，这个教学环节有可能落实不到位，或者落实得不够好，这就让一些教师和学生产生一种新的设想，既然学生可以在家里或者课堂以外的时间学习微视频，那么目前的课堂教学实践是否也可以调整或变通？

总之，翻转课堂就是要运用网络空间环境来满足教育教学的需求，它面临的问题和挑战需要我们进行更多的思考。教育部在《关于“十三五”期间全面深入推进教育信息化工作的指导意见（征求意见稿）》中提到：要积极利用成熟技术和平台，统筹推进实名制网络学习空间的建设与应用。空间要集成网络教学、资源推送、学籍管理、学习生涯记录等功能。要融合网络学习空间创新教学模式、学习模式、教研模式和教育资源的共建共享模式。鼓励教师应用网络学习空间开展备课授课、家校互动、网络研修、指导学生学习等活动；鼓励学生应用网络学习空间进行预习、作业、自测、拓展阅读、网络选修课等学习活动，养成自主管理、自主学习、自主服务的良好习惯；鼓励家长应用网络学习空间与学校、教师便捷沟通、互动，关注学生学习成长过程，有效引导学生科学使用空间。要实现学生学习过程、实践经历记录的网络学习空间呈现；依托网络学习空间逐步实现对学生日常学习情况的大数据采集和分析，优化教学模式，以“人人通”的广度、深度应用进一步体现“校校通”、“班班通”的综合效能。

第二个层面是过程的融合。教育背景下过程的融合，简单来说就是课前、课中和课后的融合。按照事项来进行细分，就是在受教育阶段的孩子从早到晚都做了什么。这里的融合是指所有的环节都需要与技术相结合，其根本目的是优化学习过程，也称为教学流程的柔性化。

比如翻转课堂这种教学模式，其实并不需要每节课都使用，可以根据课程柔性安排。在技术和教育融合、技术和教育改革创新的过程中，并不是一刀切地将所有传统和旧的东西都抛弃，相反，我们需要利用现有的技术手段更好地将传统教学中的精华继承下来，将之前无法做的内容用技术手段实现，更有效地培养学生，这就是所谓的柔性的教学过程。同时我们需要把不同的学科、不同的教学目标按照学习需求进行相应的调整，并针对过程中的每个环节考虑好技术扮演的角色，这也是“十三五”规划文件中提到的需要重点解决的问题。如何利用信息技术去重新改造或重构教育教学的每个环节，这是需要大量的思考和实践的。如何将家校互通的技术手段融合进去，学生课前需要进行什么操作，课堂上教师应该如何教学，课后的作业应该采用什么方式来完成，这些实际问题都是需要思考和实践的。

最近我们和信息化教学改革试验区的一线教师进行过多次探讨：周一到周四是否可以不给初中生和小学生布置家庭作业。有了信息技术的手段后，学生可能 10～15 分钟就能完成一堂课的学习，这样就压缩了课堂上知识传授的时间，留下剩余的时间来完成作业。可以借助 Pad 或者其他电子设备完成作业的书写和提交，或者使用其他手段提高学生课上完成作业的效率。教师可以利用电子设备即时反馈学生的作业情况，并进行学情分析，找出共性和个性的问题，这样也能够方便教师在课堂上进行有针对性的讲解，或者开展下一节的备课，甚至是直接开展下一堂课的教学。整个教学流程是可以变化的，作业与考试之间的概念也可以进行互换或者干脆模糊掉，所有过程都是以孩子更好地理解知识为出发点。要开展好的融合设计，仍然有许多内容需要教育工作者思考和把控。

第三个层面是面向学科的融合。不同的学科需要的技术支持手段是不一样的，讲解数学课和语文课就完全不一样。下面是一个语文教学的案例，主要是通过“数字化说故事”的形式完成有关的教学要求。

数字化说故事是“说书”这种古老方式的现代表达，它要求学生具有词汇、阅读、协作、口头表达等方面的知识。

教师将这一教学内容的实施分成三个环节：第一，先由教师为该班学生选择适合他们阅读水平的若干小说；第二，将全班学生分成六个学习小组（每组6～8名学生）；第三，用3周的时间让各个学习小组对教师选定的小说一起阅读、讨论和探究。

运用TPACK（Technological Pedagogical Content Knowledge，即整合技术的学科教学知识）模式，按照以下五个步骤加以实施：

（1）教师通过网络平台制作一个如何进行数字化说故事的演示微课（主要阐明其要点）；

（2）由教师向各学习小组提出数字化说故事的“主题要求”；

（3）由教师向学生展示“变形记”中因改变生活环境导致学生性格和习惯发生改变的故事，故事展示结束后，教师将基于网络的、对本教学单元学习效果的在线评价标准及细则告诉学生；

（4）学生分组进入学习组，开始持续三个星期的阅读、网络讨论和网络探究活动，在经过一段时间的阅读、讨论后，即可围绕教师提出的主题创编故事，包括设计故事框架、搜集素材、用软件工具（Imovie、Movie Maker等）写出故事情节等活动；

（5）在本教学单元的最后阶段，各个小组应在组内讨论、探究的基础上，通过多媒体演示和口头表达方式交流各组创编的故事（即用数字化方式“讲述”用数字化方式创编的故事）。

在这个案例中，涉及多种技术与教学融合因素，教学的内容是小学五年级的“读、写教学”，教师通过“数字化说故事”的形式将教学内容做了拓展；全班进行了分组学习，对教师选定的教学内容（书本）进行了阅读、讨论和研究；学生已经具有相应的词汇、阅读、协作、口头表达能力，课堂有多媒体和网络设施的支持。

而在数学课中，如果需要求得一个值，则需要大量的板书。我们可能需要带着学生不断地推演它的数学过程，让学生跟我们一起来做笔记，而不只是简单地观看，在这个过程中来了解学生对知识的掌握和理解。如上案例说明，学科之间存在的差异性决定着我们怎样运用技术更好地服务于学科教学。

第三节 云 化

第三个趋势是云化。信息技术的迅猛发展导致我们的社会早已形成了计算型社会，而计算型社会的基础就是云服务、云计算等信息技术。未来基于互联网的服务和其所提供的消费就像我们生活中用水用电一样普遍，教育信息化和教育技术的建设和演进也一定需要基于这样一个思维。

近年来，各大高校都大力发展信息技术基础设施建设并组建团队成立相应的网络中心，建设功能强大的服务器，支持着各种各样服务于教学的设备和系统。这个过程还会慢慢地发展，并走向通过提供公共服务的方式来替代以往自我建构的方式。这一阶段性现象的发展，就是所谓的云化。

云化的出现会解决一些问题，比如说各个省份、各个高校甚至各个中小学在数字化进程中都需要建设自己的资源库，由于教育水平差异巨大，每个学校都需要自己的特色平台，又总有一些共性的内容不需要重复建设，这就需要云化的介入。但是云化存在一个很大的技术问题，就是使用者需要拥有良好的网络设施以及通讯技术的支持，以往这可能是最难解决的部分，但是随着信息技术的发展，5G 技术慢慢地成熟起来，推进 5G 网络发展的时间表已经出炉。在 2015 年国际电信联盟（ITU）第 22 次会议上，确定了 5G 网络的名称、愿景和时间表等关键内容，并明确到 2017 年 5G 技术将进入征集候选技术准备阶段。2015 年 7 月 16 日，在上海举办的世界移动通信大会（MWC）上，华为、爱立信、诺基亚的 5G 技术发展成为焦点。华为发布的时间表显示，2018 年年底前华为将致力于 5G 标准化的制定，2018 年将率先与合作伙伴联合开通 5G 商用试用网络，2019 年推动产业链完善并完成互联互通测试，2020 年正式商用。2016 年 6 月 1 日，在第一届全球 5G 大会上，我国 IMT-

2020（5G）推进组也发布了《5G无线技术架构》和《5G网络技术架构》，中国自主研制的5G标准正大步前行在成为世界下一代移动通信标准的路上。工业和信息化部副部长尚冰也表示，将积极支持IMT-2020推进组进一步加大工作力度，突破核心技术和产业关键的融合，促进形成全球统一的5G标准①。

如果5G能够得以普遍应用，带宽就不是问题，再加上IPv6的使用，未来这些曾经制约我们发展的因素将不再成为障碍。这些技术投入使用之后将为云化奠定坚实的基础。以后越来越多有关教育的内容会通过云的方式提供给大家，就像大家现在使用百度、谷歌网盘等一样，这些其实都已经是十分成熟的云服务。在教育的大环境中云化的趋势会越来越明显。云服务的优势在于它的无处不在，在任何地方，只要联入互联网就可以使用云服务帮助其进行教学活动，备课在云上，交流和沟通在云上，资源存在云上，可以随时下载随时使用。

云计算之云教育（或教育云）不仅会促进教育方式、教育方法的改革，更重要的是会促进教育思想观念的更新，对教育制度、教材建设等也会带来革命性的影响。其中最大的变革是学校的大数据建设，全面推进大数据教育的生态，能促进学习者综合素质的全面提升。在大数据条件下，学校教育将消除围墙，变成与云端连接的教育，各级各类教育都将发生根本性的变革。云计算引发教育泛型的改变，任何人都可以对云端的教育资源进行搜索、选择、加工、处理、重构，使之变成知识生成的有机成分，形成具有高度生成性、可重用性和可扩展性的高级学习生态系统②。

云服务的第二个优势在于为教育提供云服务的供应商可能不仅仅是政府，也不仅仅是某个企业或单位，而是通过多企业、多渠道产生的各种公有云和私有云，并以商业一体化的模式提供，大大提高了其在教育

---

① 闫丽生．5G系统技术标准与进展［J］．电信工程技术与标准化，2015（4）：33-37.

② 于永昌，刘宇，王冠乔．大数据时代的教育［M］．北京：北京师范大学出版集团，2015（12）：22-27.

领域使用的便捷性。需要指出的是，现在的一些云资源平台上出现了收费的情况，这是违反互联网开放、共享、自由的精神的，这种现象是不宜长久存在的。

在提供云服务的基础上，就会产生云端一体化的进阶服务功能。从用户的体验、学习过程的完成和知识建构的角度，我们在任何环境中使用云服务调取需要的资源或者学习进度时，需要和其他端口保持一致。为了给学习者提供更好的学习体验，同时为教师提供更好的教育平台，一定要保证各端口一体化，这种一体化主要体现在与 PC 端、教室端或者各种各样的教学场景进行连接。在这里，“端”是一个泛化的概念，而不是狭隘的，只要连入互联网，能够与互联网进行交流互通的都是“端”。在云化的趋势中需要强调的一点就是，对于教育教学的实践者们来说，需要投入更多关注的仍然是如何使用这些服务和技术来开展教育教学的实践。教育云和云教育是两个不同的概念，教育云更多指的是平台、技术、资源以及服务，而云教育则更关心教育教学的实践，以及如何利用这些服务优化教育教学的过程，比如怎样上好一堂课，怎样很好地完成一门课的授课。从这个意义上来讲，教育工作者不仅应该关注技术是怎样实现的，更应该关注如何利用技术针对不同的学科、不同的教学目标实施教育教学的过程。

第四节　量　　化

第四个趋势是量化。在技术与教育结合的过程中，在社会的发展过程中，任何领域任何方向都在追求两个发展方向，一是科学化，二是精确化。在教育学科的发展过程中，我们有着大量的哲学思考，也有非常好的教育实践，才形成了现在的教育模式。

从技术的角度来说，所有的领域都在追求如何把这些领域做得更好、更完善、更有利于现在和未来的发展。很重要的一点是数据，信息世界中所有的东西都是通过比特（信息量单位，英文名为 bit）来实现的，这种表示方式，其实就是基于数据进行表达。数据在教育中扮演什么样的角色，怎样服务于教育的发展，这是未来三到五年非常重要的课题。在这里将这种表达简单地称为“量化”，借用了“量化自我”这个概念。量化自我（Quantified Self，QS）一词来源于《Wired》杂志主编凯利（Kelly）和伍尔夫（Wolf）在 2007 年提出的概念。

所谓量化自我，是指运用各种带有传感器的简单仪器，测试、量化和记录个人身体状况及各项生理指标，再通过蓝牙或网络将这些数据及时传输到用户手机、电脑或互联网上，以方便用户及时查看、记录、跟踪或进行数据分析的一种“新运动”和新潮流①。

量化自我有时也被称作自我跟踪，或者生活数据化骇客。随着科技的发展，人们能够方便地借助可穿戴设备、移动 APP 以及云服务，实时追踪自己日常生活中的各种数据。目前，量化自我设备所量化的数据主要是个人的身体状态数据，常见的包括心跳、体温、血压、心理状态、每天吃的食物、睡眠品质和时间等。这些数据非常有价值，也非常有意思，它们除了可以用来帮助用户养成健康的饮食习惯、保持良好的

① 焦建利. 量化自我及其对学习的意义 [J]. 中国信息技术教育，2014（11）：20.

睡眠、积极主动地改善自己的健康和体能状态，还可以在疾病发生前帮助用户或医疗人员提早警觉，甚至回头追踪出致病的源头。随着越来越多的人依靠移动设备监控他们的日常活动，个人数据正在成为日常生活的组成部分。因此，在运动与健身、保健与形体训练、临床医疗等诸多领域，无论是个人数据还是量化自我，在未来都有着广阔而深远的应用前景。

按照这个逻辑，技术发展到今天，在教学过程中，我们有条件运用技术手段将学生学习过程中的所有行为进行全部或者部分的数字化，并通过数据的分析来检验学生是否掌握相应的知识，没有掌握的原因是什么，哪里有问题，怎样有针对性地开展教学。比如如何进行个性化的辅导，如何开展有针对性的课堂教学，告诉学生如何更好地调整自己的学习，使用量化的概念和技术就能够达到在教育教学中的如上追求。信息化时代的数据分析将围绕以学生为中心的学习方式展开，借助对数据的收集和分析来采取相应的分析和干预，通过此种方式让数据更好地服务于教育教学的全过程。关于学生的一切信息都可以通过量化的方式处理。技术与教育的深度融合，是值得各位读者思考的问题，量化是一个很好的切入点，它有可能解决教师在教学过程中、学生在学习过程中的痛点问题，帮助教师掌握学生的学习状态，甚至帮助学生更好地认清自己。量化能够将问题客观地呈现在教师或学生面前，并且能够让学生和教师更易于接受，这是以往师生都没有办法很好地做到的。一旦在教学环节中形成一个初始行动，量化的过程就会形成一个循环，不断地促使教师和学生使用并依赖这一技术服务于教育教学的全过程，这样技术才能够不断地与教育深度融合。无论是针对学科、课程还是特定的环节，都能够达到预期的效果。所以从这个意义上来说，量化是促进教育与信息技术深度融合的重要方式。

南京大学的桑新民教授曾经指出："学习的本质是人类个体和人类整体的自我意识与自我超越。"学习本质与量化精神高度契合，在教育与大数据同行的路上，势必也会掀起一场量化革命，我们可以称之为量化学习（Quantified Learning，简称 QL），这将成为迈向未来教育的必由之路。

教育信息化走到今天面临着很多的困难，根本的原因是并没有走进教师与学生的心里。仅从知识传授的角度来说，关键是如何帮助学生找到在知识建构过程中的缺陷，教师的期待也在于此。教师希望真正提高学生的成绩，然而学生的成绩只是表象，它所反映的仅是学生对知识的掌握情况。所以说量化及前文所述的任何一个趋势都很重要，他们有可能成为撬动信息技术和教育融合的有效杠杆和支点。

第五节 重 塑

第五个趋势是重塑。在新技术的支撑下，技术手段不断向教育渗透，并且面临着巨大的挑战。其中有几个值得思考的问题，比如在教育的理论体系和 K12（Kindergarten through twelfth grade，基础教育阶段的通称）领域中教师的角色会面临怎样的挑战，在运用技术手段发展教育信息化的时候，我们如何使用教育的理论体系重构教学，应该选取哪些切入点来拓展工作等。在思考这些问题的同时，我们需要了解，这些问题引发的教育变革对于 20 世纪甚至 21 世纪初期的教育理论有着怎样的变革性的影响，如何把传统的教育模式、教育理论和教育实践方式在新的技术下作出调整和优化，这是需要我们迫切思考的问题。

在人类的历史长河中，颠覆性的革命经常会发生。比如在 1800 年，帆船被认为是一个高科技产品，能够利用风进行海上航行，相比之下，当时刚刚出现的蒸汽船显得又小又贵，无论从可靠性还是从习惯性上来说，人们都不会选择后者进行海上航运，但是经过行业中的持续改进，蒸汽船技术越发成熟，成本降低，帆船市场开始走下坡路，并被排挤出了海运市场。另一个例子，1970 年左右，IBM 是当时最先进的计算机科技拥有者，无人能敌，但出现了由一名大学生为个人电脑 Altair 设计的解译器，也就是 MS-DOS 操作系统的前身，这名大学生就是比尔·盖茨，当时的 IBM 忽视了这个发明，但是经过这么多年的发展，IBM 这个曾经的计算机制造业巨头，却被一家软件开发公司彻底颠覆。这一个个看似不可能发生的故事，却在技术发展的历史中一次次上演，包括现在如日中天的谷歌、百度、苹果、Facebook、腾讯、阿里巴巴，这些企业又曾经对谁进行过颠覆，并且未来又会由谁来颠覆它们呢？美国《连线》杂志创始主编，《失控》一书的作者凯文·凯利曾在 2014 年浙商大会暨移动互联网峰会上提到：“未来是难以置信的，必须要经常相信不可能，属于20年后最伟大的产品还没有被发现，所以对谁来说一切都不晚。”

通过以上实例我们可以看出，颠覆性的技术不断在产生，而且是从边缘性的地方出现的。它经过初步创新，不断改进，达到最低客户满意度，突然间打开市场。刚开始，这些颠覆性技术具有以下特点：质量低，风险高，利润低，市场小，未被证实，没有人愿意尝试。但创业公司别无选择，因为他们没有资金、顾客和技术。这些边缘性领域就是创业公司的突破口，这就是为什么创业型企业很容易颠覆我们目前的科技。

这种“边缘式创新”的理论[①]是否在教育领域中也能够得到体现呢？其实在教育信息化的发展中，我们寻找到一个小的切入点，不断地发展壮大，通过实践层面的创新与推动，就能够促进教育体系的发展，甚至是对其进行重塑，最后达到颠覆的目的。我们现有的教育理论体系已经不能够满足当下的教育实践需求了，一线教师面临的现状是缺乏科学合理地运用信息技术促进教学的理论基础，或缺少能够有效地将技术服务于教育教学的方法和手段。

在对教育的改革和发展中，教师是大家最关注的群体。2016年第十二届全国人民代表大会第四次会议上，政府工作报告提到提高教师和公务员队伍的工资待遇及社会地位的问题，说明国家也在对现有的体制进行创新。对教育环境的大改革，是能够得到国家的鼎力支持的。想要解决教师在未来环境中的生存问题，除了提高待遇和地位之外，如何扮演好教师的角色也是教育工作者们所关心的问题。教育与信息技术的融合，导致教师不能够按照原有的照本宣科的方式来传授知识，否则教师在新时代的学生面前将无法胜任。未来的学生是信息时代的原住民，他们最了解如何使用信息技术进行学习，如果教师本身不进步、不改革，就有可能在学校的课堂上无法“存活”下去，更不用说涉及到课前及课后的环节了，这种倒逼机制比以往任何一个国家政策都更有效。身为教

① 《失控》作者预言颠覆手机的12大技术［EB/OL］［2014-06-15］.

育工作者，教师在自己的角色定位上需要有宏观的认识，在微观视角下，也需要有深度的思考和实践，也就是说要基于所在学校的实际情况，基于面临的学科与学生群体的情况，作出适当的调整，提高对信息化教学方法与教学理论的理解，但是不能脱离于教学实施的环境和教学主题。

第六节　颠　　覆

第六个趋势是颠覆。现在看来，颠覆是一个比较遥远的目标，但是在教育领域，“数据驱动学校、分析变革教育”的大数据时代已经来临，大数据会成为掀起人类现阶段教与学变革的开端。利用教育数据挖掘技术和学习分析技术，构建教育领域相关模型，探索教育变量之间的相关联系，为教育教学决策提供有效支持已经成为教育的发展趋势。美国教育部于 2012 年 10 月发布了《通过教育数据挖掘和学习分析促进教与学》的报告①，该报告指出，教育数据挖掘和学习分析技术的出现，可以实现对于大量细粒度教育大数据的采集、处理和分析，必将改变传统数据应用的范式，也将为教育机构的教育决策、教师的教学决策和学习者的自我学习监控提供更加精细的服务。2013 年，美国教育部发布《扩展局域证据的方法在数字学习领域的应用》②，指出基于大数据的教育评价可以充分利用技术手段采集、整合学习者的学习过程数据和学习结果数据，整合专家评价、教师评价、学习者自评、同伴互评等多种评价数据，对学习者进行多维、多面、深入而可靠的评价。美国教育部在 2013 年发布的《教育部战略规划（2014-2018）》③ 中提出，将帮助各州构建数据系统和通用数据规范，并帮助教育机构和教师提升使用数据提高教学效果的能力。2013 年，欧盟正式启动了为期 7 年的新的研究与创新框架计划——“地平线 2020”。该计划预计在未来 7 年内投入 800 亿欧

① Bienkowski M, Feng M, Means B. Enhancing teaching and learning through educational data mining and learning analytics: an issue brief[R]. Washington, D. C. Office of Educational Technology, U. S. Department of Education, 2012: 9-13.

② Cator K, Adams B. Expanding evidence approaches for learning in a digital world [J]. U. S. Department of Education, Office of Educational Technology, 2013, (1): 1-114.

③《U. S. Department of Education Strategic Plan for Fiscal Years 2014-2018》[DB/OL].

元，用以消除科学创新的障碍，确保欧洲产生世界顶级的科学成果。以学习者为中心，收集、存储教育数据并开展系统性的学习分析服务被列为该计划的研究议题之一①。为了更好地促进基于大数据的教育应用，澳大利亚教育与培训部发布的五年规划提出，要构建基于证据和分析的文化，提高数据分析和分享能力，制定基于数据和证据的有效教育政策，推进针对教育评估的数据收集并建立面向决策制定者、教育机构、教师和家长的数据分享机制。印度政府发布的《第十二个五年计划（2012—2017）》中指出将重点关注数据驱动的教育决策，帮助教师更有效地在课堂中使用信息技术，实施因材施教，提升教育质量。为实现这一目标，印度政府将构建学生档案，跟踪学生入学、出勤、退学等信息。同时，政府将和应用开发商合作，促进学生学情诊断、实施数据收集等方面的研究和开发工作。

我国政府同样注意到了大数据的价值和巨大潜力。2015 年 8 月，国务院发布《促进大数据发展行动纲要》②，将促进大数据发展提高到国家战略层面。《纲要》提出，大数据是推动经济转型发展的新动力、重塑国家竞争优势的新机遇、提升政府治理能力的新途径，并进一步指出要通过高校采集、有效整合、深化应用政府数据和社会数据，建立“用数据说话、用数据决策、用数据管理、用数据创新”的管理机制，实现基于数据的科学决策。大数据技术将推进教育领域发生更深层次的创新与变革，并为我国传统教育转型带来新的契机与挑战。在 2012 年发布的《教育信息化十年发展规划（2011—2020 年）》中，教育部明确提出建设国家教育管理信息系统是支撑教育管理现代化的基础工程。国家教育管理信息系统建设包括基础数据库建设、数据共享、实现系统互联与数据互通，并建设纵向贯通、横向关联的教育管理信息化体系。在《纲要》中进一步提到，要完善教育管理公共服务平台，推动教育基础数据库和终身电子学籍档案建设，实现学生学籍档案在不同教育阶段的

① 《HORIZON 2020-Work Programme 2016-2017 Information and Communication Technologies》[EB/OL].

② 《促进大数据发展行动纲要》[EB/OL][2015-09-05].

纵向贯通。推动形成覆盖全国、协同服务、全网互通的教育资源云服务体系，探索发挥大数据对变革教育方式、促进教育公平、提升教育质量的支撑作用①。

从各国教育职能机构颁布的各项规划及政策中我们不难看出，在未来的三到五年，教育的某些细分领域会产生颠覆性的变化，具体如下。

颠覆现有的资源呈现形式。云教育将打破学校传统课堂教学的多重壁垒，将全国乃至世界最好的学校、最好的教育者、最好的授课内容提供给最需要这些资源的学习者，以达到真正的资源共享。

颠覆学习时空和方式上的固有概念。云教育和大数据打破了学习的时空限制，使有组织、有目的的学习成为人人皆学、处处可学、时时能学的活动。学习终端一体化的出现和发展，让碎片化学习成为日常生活不可缺少的一部分。学习方式上的翻转课堂、游戏化，基于数据驱动学习的行为分析、情感分析、个性化教学、生成性教学，学习管理上的过程监控、学习信息存储、效果评价等，这些基于互联网思维的学习方式，在效率上是传统课堂望尘莫及的。学习的这种革命将与学校课堂教学有机结合，去芜存菁，学校功能和教师角色的转变将成为必然②。

颠覆制度和管理层面上的权利保障。数据驱动的网络教学（以MOOC为代表）的出现，降低了学习者进入学校学习的经济门槛和标准，无资格审核和考试的选拔机制，把学习的选择权完全交还给学习者，而教育的提供者则更多地变为教学的研究者与教学服务的提供者。这种围绕学习者需要和人力资源市场需求提供的教育，将重构学校、政府、市场的关系，颠覆学校、教师与学生围绕教育机构进行教学的权力结构。

更新教育系统的固有观念。多元化、个性化、交互化、量化、数据化概念的出现，将引领整个社会的发展，也将成为学习型社会的显著特征，这些特征将颠覆所有类别的教育形式，并逐渐成为新型教育工作者应有的思维方式。

---

① 刘三妍，杨宗凯．量化学习——数据驱动下的学习行为分析［M］．北京：科学出版社，2016（1）．

② 王烽．“互联网＋教育”是颠覆和重构［EB/OL］［2015-05-08］．

第四章

课堂教学环境创新

课堂教学环境创新主要是指信息技术作用下的课堂环境创新。提及信息技术，要先阐述未来教室的空间设计，即教室空间的整体布局。现阶段的传统教室基本配置了“三机一幕”的演示性多媒体设备，教师的教学方式普遍采取教师讲学习者听或是教师演示学习者观看的模式，授课教师多是简单地将原来在黑板上呈现的内容放到演示设备上播放，学习者和教师在课堂上的交流很少，且交流不及时，学习者对课堂知识的掌握程度不能够及时准确地反馈给授课教师，教师无法掌握学习者的学习状态，学习者接受能力的差异不能很好地被教师把握，导致课堂效率不高。此外，由于教室环境和媒体功能上的限制，教师和学习者之间互动机会有限，一节课中教师无法照顾到课堂上的每一位学习者，不同学习程度的学习者在课堂上的参与度不同，最终导致参与度不同的学习者课堂听课效率不同，从而影响其长远发展，无法真正体现教育的公平。

未来教室则与之大大不同，它将空间设计、传播学、心理学、教学论、科学技术有机地融合在一起，构建出一个优化后的学习环境，更适合学习者进行知识的探索①，同时有效改善了传统教室里师生交流不及时、课堂效率难提高、学习者参与度不够等诸多问题。未来教室的空间设计最大化地了满足教学的需求，既满足了不同教学类型的需求，又适用于多种不同类型的教学场所，充分满足教学结构与环境之间的关系。

未来教室的空间设计要满足学习空间的可重构性，它包含两个方面的含义②：一是课堂桌椅的重构，即桌椅设计应满足拼接方便的特点，以方便个人学习、小组讨论、探究实验、讲座等不同形式的学习；二是空间的可重构性，即可在教室内安装可切换透明度、并可通过控制来自由移动的玻璃，通过切换透明度来观察不同学习区域学习者的学习状态，通过控制玻璃的自由移动，可在教室划分出不同的学习区域，或将两间教室合并成一间大教室，以满足教师的教学和学习者的学习需求。

---

① 未来教室的设计理念［EB/OL］［2016-08-14］.

② 江丰光，孙铭泽. 未来教室的特征分析与构建［J］. 中小学信息技术教育杂志，2014（09）：29-32.

另外，未来教室需提供专门的区域用于展示学习者作品，提高学习者的学习积极性，使其体验到自我成就感。如国家数字化学习工程技术研究中心的未来教室背后是有格子和分区的，可用于展示学习者的作品，这些设计都具有特定的讲究和意义。总的来说，未来教室的空间设计要体现“以学习者为中心”的设计理念，将具有高科技含量的信息技术与传统教学环境整合，从而重构学习者的学习环境，同时满足教师多元化教学的需求，使多种学习方式得以顺利开展，促进学习者的自主探究能力、协作能力与心智等的提升和发展。图 4-1、图 4-2 展示的就是未来教室的基本形态。

图 4-1　未来教室正视图

而针对低龄儿童设计的未来教室①，除了要满足学习空间的可重构性外，还需在颜色搭配、桌椅材质、灯光效果等方面进行精心的设计，塑造适合不同性别、年龄、性格特征儿童的多种正式与非正式学习空间。尤其是对处于生长发育关键阶段的中小学生来说，休息、游戏、交往等都是正常的活动内容，一个良好的教室环境应该能激发学习者的学习热情。未来教室完全打破传统教室的设计理念，让教室不仅仅是学习者学习、做作业、上课的地方，也是让学习者觉得好玩的、充满学习趣味的、

① 未来学习是啥样之续篇［EB/OL］［2016-04-15］.

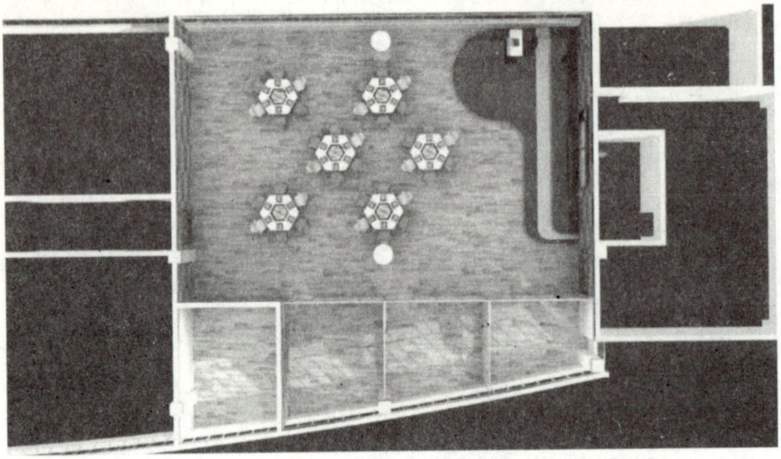

图 4-2　未来教室俯视图

生态的、有生命力的地方。如美国圣地亚哥科技中学校园布局处处体现创意而又不失家庭的温馨气息，其教室的地板上全都铺设了暖色调的地毯。教室不是统一规格，大小教室一应俱全。教室与教室之间仅用帷幕作为隔离的材料，方便随时隔出各种大小的教学空间，一个个类似飞机座舱的东西取代了传统的椅子，每个教室都增加了一扇直接通往户外的门。这些设计，无不体现出未来教室“以学习者为中心”的设计理念。

为什么说未来教室的空间设计体现了“以学习者为中心”的设计理念呢？其实，这种理念背后是有理论支撑的。以学习者为中心的理念基于学习的建构主义观点。建构主义认为，知识不是通过教师传授获得的，而是学习者在一定的情境即社会文化背景下，借助其他人（包括教师和学习伙伴）的帮助，利用必要的学习资料，通过意义构建的方式而获得①。建构主义学习理论认为，“情境”、“协作”、“会话”和“意义建构”是学习环境中的四大要素，其教学模式可以概括为：“以学习者为中心，在整个教学过程中教师起组织者、指导者、帮助者和促进者的作用，利用情境、协作、会话等学习环境要素充分发挥学习者的主动

① 何克抗. 建构主义的教学模式、教学方法与教学设计［J］. 北京师范大学学报，1997（5）：74.

性、积极性和首创精神，最终达到使学习者有效地实现对当前所学知识的意义建构的目的。”在信息技术环境下的课堂创新，旨在让教师恰当运用信息技术提高课堂效率。以学习者为中心，教师不再是知识的提供者，教师应该多鼓励学习者参与讨论，并引导学习者思考。既然未来的课堂要“以学习者为中心”，那么在空间设计上也要处处体现出以学习者为中心的理念，因此未来教室的空间设计，也主要是为了给学习者营造一个更适合他们学习的空间。

未来教室从 2013 年以来进入苏州教育界的视野，苏州教改实验区的教师们经过短短几年教学环境的整体改造，教学融合的探索逐步深入，教师对未来教室环境下的各学科教学特色逐步熟悉并掌握。其中，经过基础培训，教师逐步从单轨教学转变为基于双轨的互动反馈教学。再经过一个学期的教研探讨、教学反思、科学研究等活动的开展，不同学科教师逐步形成了各自的应用特色。校内、校际教改活动的开展让教师倍受鼓舞，融合程度逐步深入，教学环境的改变与创新促使教师对教学设计做进一步的思考。在未来教室中教学，教师会更注重学生小组活动的设计，以及师生互动部分的合理性和有效性。这样的教学尝试和反思多了，教师的教学理念逐步发生了变化。整体来说，在未来教室环境中教学，教师更注重学生的自主学习能力和合作学习能力的培养。

郑州二七区汝河路小学作为国家首批智慧校园，也在积极探索未来教室的教学应用可能。他们认为未来教室具有师生互动性强、小组合作方便、鼓励自主学习、物理图像可视化等优点，通过课前、课中、课后的活动，可以帮助教学过程由“教师主角”转化为“学生主角”，增强学生自主学习的主动性，营造轻松活跃的教学环境，促进教师教学方式的转型升级，推动学科教学从以教师为中心向以学生为中心转变，教师从“驾驶员”变为“引导者”。“未来教室”更科学、更形象、更开放的信息化教学，使教学内容更丰富、上课气氛更放松、学生思维更活跃，有效地提升学生学习的主动性、积极性、参与性①。

---

① 汝河路小学建成河南省首个“未来教室”信息化领航促教学变革［EB/OL］［2017-02-22］.

在《为有效学习设计空间——21世纪学习空间设计指南》[①] 的研究报告中，提出“一个理想的学习空间具有激发学习者的学习兴趣并促进其参与学习活动的可能，不但可以用于团队讨论及正式会议，也能够满足个性化或包容性的需求，并且能够根据使用需求灵活变通”。研究同时指出，21世纪的学习需要为学习者提供灵活、多变、支持多种教学法的学习空间；未来的学习空间可以用四个关键词来概括，即动机、协作、个性化和灵活；学习空间要能激发学习动机，支持协作学习，提供个性化的环境，并能根据需求灵活改变空间布局，让学习者感到自己可以控制环境，进而可以控制自己的学习，促进深度学习。因此，未来教室的空间设计要体现“以学习者为中心”的理念。

对于学习，教和学是一种体验的过程，这种舒适度和对空间的要求其实是一直存在的。在我国有些贫困地区的中小学中，由于受财政经济状况的限制，教室资源的配置无法做到又好又全。随着经济的不断发展，人们对资源配置方面的关注会越来越多。在美国的很多学校，有专门的教室环境标准，比如说教室的布置格局、空间的设计等都是有讲究的。比如美国麻省理工学院的TEAL（Technology-Enabled Active Learning，简称TEAL）计划自2000年起，在iCampus及其他基金会的协助下，致力于打造一个新颖的、互动的TEAL教室，并以现代科技激发学生主动学习的动力，营造一个彼此合作、高度互动（学习者与教师间、学习者与学习者间）、强调动手实践的环境。TEAL计划最大的特色在于教室空间规划，教室内共有13张直径约两米的圆桌，每桌可坐9位学习者，一间教室可容纳100多位学习者。每3位同学为一组并配有一台计算机，作为小组报告与教师教学之用。教师的讲台位在教室的中央处，好让学习者可以看清楚教师在课堂上的各种教学示范。TEAL教室配有8部投影仪和13部摄像系统，可将教师的示范实时投射在教室的8个投影幕上，同学在实验操作的过程中遇到任何问题，都可利用此设备与大家共同讨论。整个设施的主要目的就是营造一个完整

① JISC. Designing Spaces for Effective Learning：A Guide to 21st Century Learning Space Design［DB/OL］［2010-10-29］.

的视讯与讨论环境，让沟通、互动没有障碍。由此可以看出，未来教室的空间设计具有十分重要的意义。

前文已述及，本章中所说的课堂环境创新主要是指信息技术层面上的创新。在信息技术的武装下，课堂环境和课堂教学应该处于什么样的发展态势，或者我们期望什么样的态势呢？下面一起来看看课堂环境创新所包含的五个方面：云端一体化、设备移动化、管控智能化、场景可视化、能耗绿色化。

第一节　云端一体化

“云”，实质上是一种方法论的理念，它是指根据特定需求、采用易扩展的方式来获得所需的信息服务。首先，“云”的理念在数据上的实践便是大数据。何为大数据？麦肯锡全球研究院对大数据是这样定义的：一种规模大到在获取、存储、管理、分析方面大大超出了传统数据库软件工具能力范围的数据集合，具有海量的数据规模（Volume）、快速的数据流转（Velocity）、多样的数据类型（Variety）和价值密度低（Value）等“4V”特征。知名咨询公司 Gartner 将大数据定义为需要新处理模式才能具有更强的决策力、洞察发现力和流程优化能力的海量、高增长率和多样化的信息资产。大数据的出现，开启了一次重大的时代转型，它推动了数据在存储、处理和分析上的进步，涉及的信息不再只是结构化信息，而是可以扩展到文字、语音、图片等的非结构化信息。同时信息和知识密度低的数据不再被视为数据垃圾和信息过剩。相反，数据容量越大、种类越多、信息量越大，就意味着可以挖掘出的知识越多，其能够发挥的潜在价值也越大①。

其次，“云”在计算能力上的实践便是“云计算”。云计算可以根据需要增加平台内的设备，提高整体的运算输出能力。云计算也可以根据客户需要，打造一些特色教育服务，如仿真模拟类教学服务、学情分析及学情诊断服务、微课平台服务等。云计算平台②犹如一个云网络，连接大量并发的计算和服务，可利用虚拟化技术扩展到每一个服务器，将各自的资源通过云计算平台集合起来，提供超级计算和存储能力。在

---

① 陈一稀，魏博文. 构建“云端”互联网金融监管体系研究［J］. 特别聚焦互联网金融，2015（5）：10-14.

② 唐铁斌. 基于云计算教育服务平台的研究与设计［J］. 长沙民政职业技术学院学报，2013，20（4）：160-161.

"云"端之上建设大规模的共享教育资源库，构建新型图书馆，打造教育科研"云环境"，创建网络学习平台，教育资源通过云计算和云存储提供给用户，可以节省投资，提高硬件系统的利用率，降低管理成本，扩大资源的使用范围，有利于资源的聚类、共享、升级、推送。如今，大数据、云计算、移动通信和物联网等新兴技术的发展，以及大规模开放在线课程（即慕课）、翻转课堂等新的教学模式的冲击，让学习者可以完全摆脱时空限制，教室或学校不再是教学活动发生的唯一场所或首选项，在线课程、电子书和计算机支持检测等使学习过程的跟踪和学习数据的采集不再困难，大数据的收集、处理和分析技术也已成熟，这为数据驱动教育理想形态的追求创造了条件[①]。迈尔-舍恩伯格等（2014）在《与大数据同行：学习和教育的未来》一书中说道："我们能够理解在最大规模情况下学习者是如何学习的，理解在任何给定的学年中数以百万计的各种数据。我们能够理解在最小规模情况下学习者是如何学习的，理解每一个个体在几分钟的课程中是如何学习的，而不只是每一个个体是如何学习的。不同于旧有的调查世界和样本，我们能够连接上述两类规模——大数据是数以亿万计的小数据的汇集，以进行个体学习行为和群体学习行为的分析和研究。"由此可以看出，大数据、云计算为未来教学方式的颠覆提供了可能。

"端"，则指学习者可以直接接触到的物理设备，如笔记本电脑、Pad、手机等移动设备等。"端"是提供服务的界面，也可以是数据的来源。在教育中，"端"可以统称为教育教学发生的场所，也就是说，教育教学不再局限于课堂上或是家里，也可以在手机或电脑上完成。

云端一体化是指教育云平台与物理课堂有机结合，通过云盒对用户终端进行集中管理与控制，实现对海量优质资源、智能学科辅助工具、在线学习社区以及第三方应用的快捷访问，学习者的学习不再局限于课堂这种物理空间，还可以通过虚拟空间进行。这里需要转变一种思维，课堂是由两个空间组成的，一种是现实的、面对面的物理空间，同时还

① 刘三娅，杨宗凯．量化学习——数据驱动下的学习行为分析［M］．北京：科学出版社，2016（6）．

有一种主要以交互科技（Interactive Technology）作为支撑的虚拟空间①。图 4-3 揭示了云端一体化的基本构成。

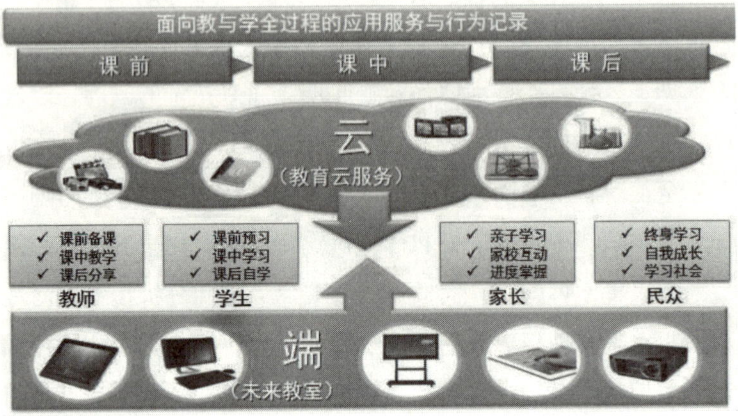

图 4-3　云端一体化

目前，交互科技在虚拟空间教学中得到了广泛的应用，通过在线学习系统、大规模在线开放课程平台、社交网络平台、移动终端生成了越来越多复杂的异构数据，如文本、图片、语音、视频等。相比传统的线下课堂，以交互科技作为技术支撑的虚拟空间很大程度上打破了以文本为主的线性表达的方式，帮助教学者在教学过程中利用各种符号资源（如语音、图像、声音、动作、空间结构等）完成意义表征，有助于学习者快速、便捷地完成多元资源的有效传递、交互对话的建构和理解，深层次地促进学习知识的理解和高阶思维的形成，提高教学的质量和学习效果。

教师上课或者学生学习的过程不再局限于课堂这个简单的物理空间，以后的教学活动或学习过程将由物理空间拓展到虚拟空间，这两种空间相辅相成，帮助教师的教学和学习者的学习。云端一体化既可以体现在课堂上面对面交流的授课过程中，也可把虚拟的空间拉到课堂之外。还有另一层意思就是课堂不再受时间的限制，时间的界限被打破

---

① 刘三女牙，杨宗凯. 量化学习——数据驱动下的学习行为分析［M］. 北京：科学出版社，2016（6）.

了。在课下就可以利用虚拟的空间进行学习，这就是人们常提及的在课下学习。如 2016 年 12 月北京重度雾霾，北京市中小学“停课不停学”，众多学校霾天开启未来模式[①]。清华附中永丰学校提前录制微课视频，通过校园网络平台对学生进行网络教学和直播答疑，并制定个性化学习课表，学生可根据自己的实际情况分层选择不同课表学习；北京市第二中学充分利用学校 4G 网络在线直播课程，学生在家可以通过实名登录 APP 或 PC 端与老师实现同步上课，除此之外，非直播时间也可进行网络课程的多次回放；灯市口小学的各班教师将微课上传到该学校的“自学平台”，学生根据每日的学习计划选择微课进行学习，并进行网上提问，教师对学习者的提问一对一网上答疑，或开设讨论组，对共性问题进行统一回答或及时与学生开展讨论、交流分享；还有东城区回民小学微信布置作业，北京工业大学附属中学精心布置的网络学习，等等。以上诸多学校均在虚拟课堂进行教学，学习者用移动端进行学习，恰是教学活动及学习过程由物理空间转向虚拟空间的具体体现。

信息技术和教育的深度融合带来了两个根本性的变化。第一个变化是教学场景得到拓展，即从纯粹的物理空间拓展到虚拟空间，形成一个虚拟空间和物理空间并存的学习场景。将来线下的学习和线上的学习相结合是未来孩子学习和教师施教的常态，这也就是现在人们经常提到的混合式学习。迈克尔·霍恩和希瑟·斯特克在《混合式学习：21 世纪学习的革命》[②]中提到，混合式学习具有以下三个特征：（1）任何一种正式的教育课程里，学习者的学习过程至少有一部分内容通过在线形式来进行，一定程度上由学习者自己控制时间、地点、学习路径或进度。（2）学习者学习的一部分必须是在教师督导之下的、非家庭所在的实体课堂进行。这个实体课堂可以是学习中心、教室、实验实训场所等。（3）混合式学习是一种综合性的学习体验。一门课中，每个学习者学习

---

① “停课不停学”，北京各学校霾天开启未来模式 [EB/OL] [2016-12-20].

② （美）迈克尔·霍恩（Michael B. Horn），希瑟·斯特克（Heather Staker），著. 混合式学习翻译小组，译.《混合式学习：21 世纪学习的革命》[M]. 北京：机械工业出版社，2016（9）.

路径的各种模式互相关联，为学习者提供一个综合性的学习体验。也就是说，混合式学习是有机整合的，不管是线上还是线下，都应该是相辅相成的，如果学习者在线上看了视频，到课堂上教师再讲一遍，这就不是混合式学习了。所以大数据非常重要，它可以跟踪分析每个学生的学习状况，让教师可以实现因材施教，给学生一个综合的、适合的学习体验。混合式学习的模式也是多样化的，它包含转换模式、弹性模式、菜单模式、增强型虚拟模式。转换模式是指学习者在固定的课表或教师的带领下，在不同的模式下进行转换，它包含就地转换、机房转换、翻转课堂、个体转换四种形式，其中最火热的当属翻转课堂，它完全颠覆了传统教学；弹性模式指在线学习的课程是学习者学习的主体，即课程里包含了对学习者闲暇活动的指导；菜单模式是指一个学习者除了在学校上某几门课的面授外，还可以通过在线学习选修其他科目的网课；增强型虚拟模式是提供所需的面对面学习时段，然后允许学习者在喜欢的地方在线完成课程其余部分的学习。从混合式学习的特征和模式可以看出，信息技术和教育的深度融合使得新型施教和学习方式得以实现，很好地拓展了教学场景。

第二个根本性的变化就是信息技术和教育的结合促使知识的传播方式发生改变。现在的教育体系的形成，有两种工具起到了决定性的作用，即纸张和印刷术。印刷术是中国古代的四大发明之一，被称为近代文明的先导，为知识的广泛传播、交流创造了条件。以纸张为媒介的知识的记录、传承和传播方式，构成了今天教育体系中最重要的支撑。然而，信息技术和教育的深度融合改变了知识传承和传播的方式，知识的传承转向数字化传播，如网络传播、移动设备传播、电子化传播等等。这种传承和传播方式的改变势必会对教育产生根本性的影响。

对于课堂来说，这两个变化都会得以体现。前面述及的云端一体化讲的不仅仅是云端课堂，还有教室的物理空间和虚拟空间是整合的，是无缝衔接的教学场景，现在我们已经朝着这个方向前进，这个就是时空上的变化。另外，电子书、电子教材等其实就是知识记录传承和传播的方式发生了改变，包括当下流行的 MOOC、在线视频、翻转课堂等也是如此。正是由于知识的记录和传承由纯粹的纸质化转向数字化，才带来这些新的变化。如今，信息技术快速地渗入各行各业，一些智能办公、智能家居才能满足人们高效率的工作以及便捷、轻快的生活，在教育领域，倘若信息技术不与教育融合，没有数字化形式，我们无法制作优质视频，没有云端一体化支撑翻转课堂，无法进行大规模的在线传播学习理论和知识，那么学习者的个性化学习将无法得到满足，教师的教学也只能用传统的教学方式，得不到更好的教学效果，教育停滞不前，这是不利于国家的发展的。因此，信息技术与教育的融合是一种必然，它是时代催生的产物。至于信息技术与教育如何深度融合，这个就如同如何对未来教室的整体进行信息化创新。就教室这个场景来看，我们可以看到与传统的教育相比，信息技术背景下的教育场景有着非常大的变化。

除此之外，这种场景还可以与其他的场景结合起来，比如在家、在户外的各种形式的学习，只要学习者有合适的端，能够接入互联网，就可以存在于他的课堂当中。如坐车时，学习者可以看微课视频，回答一两个小问题，促进知识的巩固；如学习遇到难题，可在线讨论，让学习伙伴和教师参与进来，共同解决难题；学习者也可以为他人的学习提供帮助，参与他人的学习讨论，为他人点赞，共同学习，共同进步；此外，大数据可以同步记录学习者的成长过程，学习者学了哪一门课、哪一个知识点，大数据都会同步处理并及时反馈给学习者，同时反馈给家长和教师。对学习场景或情形的任意畅想，信息技术的发展都会使之实现。教室没有边界，学习随处可以进行，这就是云端一体化。以后教学场景的变化会成为一种新的常态，包括云技术在内的现代化的教育教学技术手段为教育提供了前所未有的丰富资源，这种丰富性本身就让教师的施教和学生的学习发生着巨大的改变。

第二节　设备移动化

移动设备，简言之就是可以移动的装置（如手机、笔记本电脑、Pad等），它可以随时随地地访问、获取各种信息。如今，随着移动设备的普及，云计算、物联网等新兴技术的层出不穷，一种新型的办公模式逐渐被人们所青睐，人们可以带着移动设备随时随地地办公，这就是BYOD（Bring Your Own Device）移动办公模式①，即携带自己的办公设备，这些设备包括笔记本电脑、手机、平板电脑等（更多情形下是指手机或平板这样的移动智能终端设备）。无论在机场、酒店还是咖啡厅，都可以登录公司邮箱、在线办公系统进行工作，不受时间、地点、设备、人员和网络环境的限制。这种设备移动化、便携化的办公方式给那些自由办公意识强烈的工作者带来了高效率的工作模式。

BYOD模式虽然起源于商业的自由办公，但其不仅仅在办公领域得到人们的热捧，在教育领域亦被称为学校教育系统变革的第一入口②。从区域或个体学校层面来看，BYOD是当前推动教育信息化深入发展的关键。

首先，BYOD符合现代以及未来的学习方式、生活方式，顺应了移动学习的全球化发展趋势，改变了教师教学和学生学习活动的传统模式，使教学和学习随时随地地发生，就如同前文述及的BYOD可以使工作随时随地发生一样。通过BYOD，可以真正打通学校和家庭的联系，贯穿课内和课外。通过信息化手段，能够更容易采集到真实的教与学数据，从而让学校把注意力从关注利用信息化手段进行教学展示转变

---

① 褚艳芬. 移动办公BYOD尚待完善，BCOD初露头角［J］. 信息与电脑，2013（8）：66-69.

② 花洁. BYOD：学校教育系统变革的第一入口［J］. 中小学信息技术教育，2016（2）：83-86.

到关注学习者的个体差异、认知风格，关注学习是如何发生的；把学校的领导力从如何利用信息技术上好一堂现场展示课转变到如何对教师的教学目标、教学流程、教学模式、交互方式、学习评价进行系统性变革，如何让学习更有效，如何培养学习者的学习素养等。

其次，对学校而言，BYOD不仅仅指设备，也指让每一位学习者都能够使用自带设备进入“互联网+”教育时代的个性化学习。BYOD使学习者和教师能更高效地使用自带设备和各种教育类移动应用程序，每位学习者都可以创造自己的个性化空间，它为推动教育信息化的深入发展开辟出了一条实用可行的道路。

所以，在未来教室里，为了方便教师的自由教学和学习者的自由学习，教室里的设备都是便携的、可移动的。比如，教室的桌椅是可移动、可拼接的，学生的讨论板也是可移动的，教师和学习者均可拿着Pad进行自由教学和学习，如图4-4所示。

图4-4　未来教室中可以自由移动、拼接的桌椅

如广东省广州市东山培正小学的一堂语文课《雷锋叔叔，你在哪里》[①]，教师上课前通过iPad将练习题目（识字大比拼）发送给学生，学生通过iPad将答案发送给教师，教师通过iPad查看学生的答题情况并终止练习，同时学生的答题情况由电子书包进行数据统计分析，教师

① 教学设计原理与方法，中国大学MOOC.

就会发现“冒”字错得最多。教师再通过iPad将答案发送给学生，并通过iPad将学生的答案发送到显示屏上，让学生共同查找错误，修正后教师又利用iPad解读“冒”字的来源……不难看出，利用iPad的教和学贯穿整个课堂，极大地满足了课堂教学的多元化需求。未来的教与学将会比现在更加智能，科技感会更强，比如充电端会消失，因为设备都支持无线充电。随着柔性显示技术（由柔软的材料制成，可变形可弯曲的显示装置）的发展，柔性电子纸、可穿戴的电子书等，均会走进课堂，现在的iPad是拿在手上的，将来它可能就会戴在身上。总之，未来教室的设备会越来越方便用户携带，这是一种必然的趋势。在教学过程中，未来教室的设备移动化具有以下两方面的优点：

第一，课堂互动多样化和便捷化。教师在教学过程中，可提供多种形式的互动教学，既包括远程课堂互动，也包括课堂内师生之间的互动，即师生之间通过智能终端进行视频、语音、图像和信息等全媒体的互动。比如，教师可以拿着iPad在教室的任一角落与任一学生进行互动，学生也可以拿着iPad接收教师发来的形式各样的学习资料，智能统计可为教学提供指导方向，方便教师掌握学生的学习情况。苏州的王蓉蓉老师说：“在未来教室里，学习者通过iPad与老师互动。以前我的课堂小练习，通常收上来批好要花上一二十分钟，现在用iPad与学习者进行交流互动，只要一两秒钟我就能知道学习者知识的掌握情况，大大节约了时间，不仅提高了课堂教学的效率，还可以根据学习者的情况及时调整教学策略。”① 由此可见，未来教室的设备移动化，为教师的教学互动带来了非常大的便捷。此外，通过多样化的互动可提高学习者的学习兴趣，延长其注意力集中的时间，设备还可以自动采集各种课堂教学数据，提高课堂教学效率。

第二，学习者学习个性化和协作化。以前学习者是背着重重的书包去学校，在未来教室里，学习者不需要背着重重的大书包，只要带着iPad等移动设备走进教室，就可以实现真正的“随时随地”的学习。而

---

① 信息化背景下的教育新画面｜未来教室：指尖链接资源　思辨更为重要［EB/OL］［2006-12-05］.

且，未来教室里的桌椅都是可以移动的，学习者可以拿着 iPad，移动自己的桌椅，任意组合，形成小组学习讨论，可以开展全方位、多层次、多角度的互动交流，引发学习者的思维碰撞，在创新过程中促进学习者的知识构建与共享。

总而言之，未来教室的设备移动化为教与学提供了更好的体验，更方便教师实现各种各样的教学活动（即开展各种各样的教与学实践、创新教学模式，等等）。因此，在未来的课堂上，将会有更好的创意为教师和学习者提供更好的服务，构建更好的教与学环境。

第三节　管控智能化

在现实生活中，人们所指的网络一般是指互联网。如今智能手机、笔记本电脑、平板电脑、智能穿戴设备等新型媒体终端不断问世，特别是谷歌眼镜、苹果手表、谷歌智能鞋、微软眼镜、太阳能比基尼、手套式手机、节拍手套、社交牛仔裤、卫星导航鞋等智能穿戴设备正逐步成为重要的媒体终端。在这种背景下，网络一词不再专指互联网，网络技术正从互联网技术向移动互联网技术和物联网技术拓展。

物联网是教育领域中一个很重要的名词，1991 年美国麻省理工学院的 Kevin Ashton 教授首次提出物联网的概念，1995 年比尔·盖茨在《未来之路》一书中也曾提及物联网，但均未引起广泛重视，后来它被预言为继互联网之后全球信息化产业的又一次科技与经济浪潮①。物联网具有打破时间、空间限制的优点，在教育信息化发展的进程中起到至关重要的作用。物联网②将信息空间与物理空间完美地融合，将教育资源数字化、网络化，在物与物之间、物与人之间、人与现实环境之间实现高效的信息交互，并通过新的服务模式使各种信息技术融入到教育中，使信息化在人类社会综合应用中达到更高的境界。在云计算、大数据、物联网等技术的共同作用之下，教育行业已经逐步构建了一个全新的生态圈——“互联网＋教育生态圈”。这一生态圈的实现将使学校的组织形态、教师素养、课程建设、课堂文化、教学流程、学习方式、评价策略与大数据分析反馈等进行联合，推动教育的发展。未来的校园里可能有一个物联网感知层，把教室作为一个基本的单元，其中可能有很

---

① 朱洪波，杨龙祥，朱琦．物联网技术进展与应用 [J]．南京邮电大学学报（自然科学版），2011，31（1）：1-8.

② 孙其博，刘杰，等．物联网：概念、架构与关键技术研究综述 [J]．北京邮电大学学报，2010，33（3）：1-9.

多传感器来感知未来教室相应的势态。如何对教室这个空间进行有效的、高效的或者更智能化的管控，这是未来教室场景当中一个很重要的问题。未来教室的管控智能化主要体现在以下几个方面：

第一，身份识别功能。可利用语音识别技术来区分教师、本班学习者和外班学习者，只需事先采集学习者及教师的声音及身份信息，这些数据就会储存在未来教室的语音系统里，当教师或学习者进入教室时，通过语音识别可判断教师及学习者的身份信息，抑或是通过脸部识别系统进行识别，还可以根据携带的 iPad 上的蓝牙和其他设备的互动判断你是谁。身份识别功能有两个很大的好处：一是识别学习者身份后，可给家长智能推送学习者进入学校的时间以及教室的环境，让家长不会为在学校的孩子而担心；二是它还可以帮助教师完成考勤，解决了传统教室点名费时的问题。

第二，设备集成智能控制。iPhone、iPad 等智能设备不用安装任何软件，可直接控制教室内各种设备，管理人员通过互联网或校园网对整个校园的教学设备进行远程集中控制，使用者可一键保修，保修信息通过短信直接送达到设备管理人员的手机。智能设备通过能效传感器采集能效数据，提供分析报表和节能建议，还可远程操控投影仪等设备。除此之外，还可以通过加速度传感器（防盗标签）、红外探测器、摄像头监控等实现贵重物品防盗的功能。

第三，环境智能调节。通过传感器智能感知环境，实现自动控制。如通过温度传感器感知教室的温度，通过光传感器感知光的强弱，通过湿度传感器感知室内湿度，根据湿度自动控制启停空调，即教室的温度、湿度及光照强弱均可实现智能调节，同时将控制过程自动通知管理人员、教师、学习者家长等，此外还可进行远程监视控制。

第四，教学情境创设。教学情境就其广义来说，是指作用于学习主体并使其产生一定情感反应的客观环境。从狭义的角度来说，则指在课堂教学环境中作用于学习者而引起积极学习情感反应的教学过程。可以综合利用多种教学手段通过外显的教学活动形式营造一种学习氛围，使学习者形成良好的求知心理，从而积极参与对所学知识的探索、发现和认识。有些学科为了给学习者创造一种更真实的教学环境，通过智能设备控制教室的声、光、电等，如在讲授语文课《雷雨》时，可随着教学情境的需要，多次创设雷声与闪电，与文中的雷雨相呼应，增强教学效果。

第五，教学过程控制。学习者的 iPad 受教师端集中控制，教师可以监控学习者手上的 iPad 在干什么，教师可以控制学习者的 iPad，甚至将他们的 iPad 一键锁定。教师完全掌控课堂教学，才能有效避免课堂上学习者利用 iPad 做一些与课堂学习无关的事情。

未来教室的管控智能化让教室的温度更适宜、光线更柔和、提示更智能。比如在进行教师身份识别时，亲切地和你打个招呼，同时还可以记录你进入教室的时间，让你更具有临场感。临场感即存在感，管控智能化使得未来教室的环境可以与学习者进行交流，使得教室环境如同人一般拥有感情，让学习者感觉在教室这个环境里学习是有价值、有意义的。这种临场感是管控智能化所追求的主要目标之一，就像好的交互体验是好的交互界面所追求的，学习者可以与环境进行亲密的互动。人处于教室的场景中，怎样和环境产生友好的交互，这是值得研究的。可以说，管控智能化使得未来教室的设计达到了更高的境界，从学习者进入教室的那一刻起，教室的环境就与学习者形成了各种互动，此时学习者与学习环境不再是孤立的，学习者的临场感会更强。管控智能化与教室空间设计一样，均体现了“以学习者为中心”的理念，它的主要服务对象是学习者，在它的助益下，未来教室不仅是学习者学习知识的场所，也是学习者的活动中心、体验中心和交流中心。

管控智能化的另一目标是方便教师的教学管理，以及更好地提升教学效果，同时还为学习者的便捷化学习提供一个适宜的场地。从技术角度来说，管控智能化也是非常重要的一个环节。那对于学校来说，为什么要构建校园互联网？这是因为要对每一间教室进行管控，不仅仅是普通的教室，也有可能是创客空间或专业的实验室，还有可能是各种各样的学科教室，甚至包括其中的设备。通过感知、反馈和控制，能够让教学场景尽可能地满足学习者的需求，扩大教师的管控智能化空间。

第四节 场景可视化

可视化技术起源于20世纪80年代出现的科学计算机可视化①。场景可视化，是将课堂环境转化为视觉形式的过程，增强场景的呈现效果。人们可以用直观交互的方式实现对课堂环境的观察，也就是说，场景可视化就是让整个教学活动过程是透明的，都能够被观察、被记录。场景可视化可以分为以下三个层面。

第一个层面，教学场景的录制。从课堂的教学活动层面上来说，我们可以通过智能录播设备，将现场摄录的视频、音频、电子设备的图像信号（包括电脑、视频展台等）同步录制，这也是课堂环境的可视化。录制好视频之后可以放到网上提供给有需要的学习者学习，或者用于教师之间的研讨、学习、改进教学，等等。

第二个层面，教学活动的记录。场景可视化就是把在教学活动中具体的、细微的活动记录下来，比如师生之间的互动、学习者之间的探讨学习，都可以通过交互设备记录下来。例如，教师在使用star C云端一体化学习平台进行教学的具体操作，学习者使用iPad的学习行为，课堂上的任何一个细节都能被记录下来，学习者在做题过程中的做题情况也可以被记录下来。这样积累了一定的数据后，教师可以把这些数据进行归纳整理，利用大数据分析学习者的行为，发现学习者的学习问题、行为习惯等。大数据分析可以将学习者的思维过程完整地呈现出来，过去教师只能通过学习者做题的结果来评判对错，却很难知道他们的思考过程，在未来，大数据以及学习分析技术可以将学习者的思维过程展示出来，以便为学习者提供个性化的学习指导。智能设备也可以分析授课教师的行为，了解教师的授课风格，以便发现教师教学中需要优化的地

---

① 杨彦波．信息可视化研究综述［J］．河北科技大学学报，2014，35（1）：92-100.

方，为教师提供改进教学策略的依据。但是怎么使用是另一个层面的设计，需要众多的研究者去实现。

第三个层面，教学资源的可视化。在介绍教学资源可视化之前，不得不提逐渐进入人们视野的几种高新技术——虚拟现实（VR）技术、增强现实（AR）技术以及3D打印技术。VR技术[①]是计算机技术、计算机图形学、计算机视觉、信息技术、传感与测量技术、仿真技术、多媒体技术、语音与模式识别技术、人机接口技术、软件工程、网络技术和人工智能技术等多种高新技术集成之结晶，其逼真性和实时交互性为系统仿真技术提供了有力的支撑。简单地说，VR技术是利用电脑模拟产生一个三维空间的虚拟世界，提供使用者关于视觉、听觉、触觉等感官的模拟，让使用者有身临其境的感觉，可以及时地、无限制地观察三维空间内的事物。它同时具有沉浸性、交互性和构想性，使人们能够沉浸其中，超越其上，出入自然，形成具有交互效能的多维化的信息环境。AR技术是在VR技术基础上发展起来的，它利用计算机产生的虚拟信息对用户所观察的真实环境进行融合，真实环境和虚拟物体实时地叠加到了同一个画面或空间，拓展和增强用户对周围世界的感知。VR的核心价值是沉浸，把虚拟变得更加真实和丰富，而AR的核心技术是让虚拟与真实融为一体，AR可以让人们获得更强大的沉浸体验和显示扩展体验。在未来，AR和VR最终都会变成隐形眼镜，人们戴上去之后可以同时体验虚拟现实，也可体验增强现实。3D打印[②]则是一种以三维数字形式立体构造物理对象的一种快速成型技术（Rapid Prototyping），其原理是先将实体模型分为若干薄层，每次打印材料生成薄层，通过塑料或粉末金属等可黏合材料，层层叠加生成物体，这已成为当前增材制造（Additive Manufacturing，AM）技术的主要存在形态。

在人工智能和认知技术急速发展的今天，VR技术已在教育领域初露头角，它可以帮助学习者实现场景化学习。VR技术运用在未来课堂

① 蒋庆全. 国外VR技术发展综述 [J]. 飞航导弹，2002（1）：27-31.

② 孙江山，吴永和，任有群. 3D打印教育创新：创客空间、创新实验室和STEAM [J]. 现代远程教育研究，2015（4）：96-103.

教学中，可以给学习者带来身临其境的直观学习体验。如历史课中的红军长征内容，学习者可通过 VR 体验，化身长征战士，看到穿着破烂衣衫的战士，就如同穿越时空，真正来到长征路上。VR 体验可使学习者深入到长征年代，对那段历史有更深刻、更独特的理解。这种智能感知的教学环境能够激发学习者自觉学习的动力，同时，知识管理和推荐引擎技术可增进学习的系统性。这种高新技术在课堂教学中的应用可以很好地实现教学资源的可视化。与此同时，随着自带相机和 GPS 功能的智能手机的涌现，AR 技术也在向教学领域迅速渗透，其产品广泛应用于低龄儿童，为儿童提供一些原本不可企及的学习材料，为他们创设一个“真实的”学习情境，有效激发孩子们的学习兴趣，提高其学习的参与性和协作性。如“e 彩”魔幻彩绘明信片是一款让儿童手动涂色的明信片产品，通过 AR 技术的附加，将其提高到“节日惊喜＋亲子互动＋智力开发”的科技型明信片产品的层次，它将虚拟的故事场景融入彩绘明信片中，可让小朋友在彩绘的过程中学画画，听故事，长智慧。再比如颇受欢迎的神笔立体画，从黑白图案到彩色 3D 世界，全面激发孩子的想象力和创造力，他们每完成一幅作品就可一键保存在“成就模块”中，还可以随时将保存的视频或照片一键分享到各大社交平台。由此可以看出，将 AR 技术运用到低龄儿童教学中，其超强的互动功能让孩子变为主动学习者，增强了书本知识的传达效果，让孩子边玩耍、边学习，使其认知得到了更好的发展，同时，多媒体的应用，达到多感官刺激孩子成长的效果。未来课程融合 AR 技术，将会使我们的教与学突破“书本”的制约，形象立体地展示学科内容，让场景重现，搭建起书本与智能终端之间的桥梁。

3D 打印在探索深化“做中学”、体验学习和基于创造的学习等理论的实践过程中，不仅提供了逼真生动的可重复使用的学习资源，也支持创新教育模式的有益尝试。在虚实结合的 3D 打印教育创新应用平台中，学习体验从原子的真实世界延伸至比特的虚拟世界，依托互联网支持协同创新，整合开放式学习空间系统，提供收集和存储学习者足迹和创造性学习的功能。通过学习分析，为学习者提供个性化学习服务，了解学习者的学习心理，为教学改革和特色课程设计提供支持。通过 3D 打印等数字工具与资源的结合，为学习者提供适宜的学习环境和学习资源。许多面向正式学习环境的教育创新应用也应运而生，如 Hod Lipson 发起探索科技创新的“FabLab@School”项目，该项目旨在探索如何将 3D 打印融合到小学课程中。该课程计划创设一个任务驱动的学习情境，在解决实际问题过程中结合 3D 打印技术，增强对数学和科学抽象概念的理解和应用，体验和掌握工程和设计的核心概念及准则，提高学习者的创新能力和动手能力。再比如 3D 打印机制造商 3D 系统公司（3D Systems Inc.,）设计的一种面向中小学的科技创新课程 STEAMtrax，将 3D 打印技术和工程设计整合到科学、数学、人文艺术之中，在相关的学习情境里，培养学生问题解决、协作、沟通和批判性思维的基本技能。STEAMtrax 课程模式是基于问题探究的教学模式，通过主题式故事情境设计，借助 3D 设计和打印技术增强的科学实验工具包（Hands-on Science Kits），提供自主探究和动手实验的学习机会，建构核心学科理论知识和应用技能。由此可以看出，3D 打印为全新的学习体验提供了新资源、新环境、新平台。

除此之外，在中学学习中，像物理、化学、生物这些学科，有很多实验在传统的实验室里无法完成。如化学中一些具有高危性、有毒性、易燃易爆、辐射性的实验，均不适合让学习者去实践；又如物理中探究汽车在行驶的过程中，汽车对地面压力的大小与气流速度的关系，由于一些因素的限制，在真实的学习环境中，学习者很难通过实践得出结论。这样就导致学科教师在针对此类型的知识点进行教学时，无法通过实验让学习者真切地领会这些知识，只能用灌输式的方式进行教学，学习者也不易理解掌握。针对这些问题，辅助教学软件应运而生。如虚拟实验室（物理仿真实验工具、化学仿真实验工具等），它可以完成现实生活中难以完成的实验，同时还能保持逼真的实验效果。这样，针对那些特殊的实验，教师的教学方式不再是一味地灌输，而是一种展示互动教学，这样可以达到更好的教学效果，学习者也更容易掌握这些较难的知识。

通过以上介绍，我们可以看出，无论是 VR/AR 技术还是 3D 打印技术，抑或是一些仿真学科工具，均可实现教学资源的可视化。这些技术应用在教学中，激发了学习者的学习热情，实现了情景化学习，增强了学习体验，促进了知识迁移，促进了创造性的个性化学习。它们为课堂带来高效率的教与学，促进了学习者的全面发展，因此，这些也是另一个层面的场景可视化。

所以，场景的可视化是全方位的，我们要做大数据分析，要分析教师的行为，要分析学习者的行为，要知道学习者具体的学习状态，未来教室需要做到充分的可视化，它能够为我们的决策、学习、评估提供各式各样的服务。场景可视化不仅仅是通过直接录播把整个教学场景录下来，这只是初级的场景可视化。现在流行的公开课、优质课、精品课等，它们仅仅是一堂课的教学实录，都只是产品可视化中的第一个层面。而近几年非常流行的微课，不仅具有场景可视化的第一个层面，还具有场景可视化的第三个层面。微课场景可视化依据其特点可分为以下三个层次。

第一个层次是直接讲解间接知识（书本知识），是一种替代型的教学视频，主要是用信息技术手段代替传统课堂中的教师课堂授课，在内容上的呈现方式无太大优势，如同场景可视化的第一个层次，仅仅录播教学过程。第二个层次的微课是比替代型视频更高层次的教学视频，主要表现在它具有更强、更丰富、更多样性的表现力。事实上，更高层次的微课能将抽象的知识和思维以可视化和动态化的方式呈现和展开。许多教育心理学实验表明，只有少数学习者能通过导学案或文本教材进行自主学习，而可视化和动态化的教学视频适合所有学习者特别是擅长右脑思维的学习者进行自主学习，可以让更多的学习者获得成功。第三个层次的微课是全媒体，它是涵盖视觉、听觉、触觉等人类接受信息的各种器官的传播工具和体验技术，比第二个层次的视频功能更强大。教老师讲发动机为例，如果光讲原理，学习者听不明白，如果将发动机拆开，发动机就无法工作，而发动机工作时，学习者又看不到发动机内部的工作原理。如果借助虚拟仿真技术，就可以让学习者看清楚工作中的发动机的工作原理，原来要讲好几个小时的问题，一下子就让学习者看明白了，而且非常形象生动。这一个层次即为场景可视化中的教学资源可视化，便于学习者快速地掌握较难的知识。根据微课不同的特点，我们可以看出，它的可视化程度更深、更丰富，非常符合课堂环境创新的理念。

在未来教室里，不同的教学类型和教学环节需要不同层次和质量的教学视频。通过微课可以看出，不同层次的场景可视化适合不同类型的教学环境。其一，情景化、动态化的视频有利于创设学习情境，引导学习者进入学习新知识需要的思维状态。例如在讲《苏州园林》时，首先让学习者通过多媒体感受苏州园林的“完美”特点，然后选择几处有特色的景点如亭台轩榭、假山池沼、花草树木等加以呈现，在此基础上突出建筑物的色彩，并捕捉每一角落的“图画”美，这样，一幅苏州园林的生动影像就呈现在了学习者的面前。其二，概念和原理的讲授，可以采用第一种（替代型）视频，但需要插入情景化特别是全媒体的视频来帮助学习者理解。其三，技能、活动的教学毫无疑问需要情景化、动态化视频的支持，替代型视频仅能起辅助作用。因此，微课可以实现未来教室两个层次的场景可视化。

当然，在信息环境下的课堂环境创新中，我们所追求的场景可视化要达到一个更深的层次，最好是课堂教学中有学习者实际参与到场景中，将整个课堂的教学活动、学习者学习的细节等这些场景可视化，无论是做大数据分析，还是为教学改进做参考，都能够更好地为教学服务。

第五节 能耗绿色化

节约能源是当今世界一个很重要的理念，是指尽可能地减少能源的消耗、增加能源的利用率等一系列行为[①]。近几年，随着经济的快速增长，煤、电、油和重要资源的需求量明显增加，价格大幅度上涨，一些重要能源资源对外依存度大幅上升，我国重要能源资源短缺对经济发展的制约进一步加剧[②]。今后，随着我国工业化和城镇化的推进，能源资源的需求总量还会不断增加，经济发展面临的资源约束矛盾将长期存在。节约能源资源，大力促进能源资源的高效利用和循环利用，是缓解能源资源约束矛盾的根本出路。我国能源生产和消费以煤为主，燃煤造成的二氧化硫和烟尘排放量均占排放总量的80%～90%。目前我国严峻的环境形势仍然没有改变，主要污染物排放量已经超过环境承载能力，流经城市的河段普遍受到污染，许多城市空气污染严重，生态破坏呈加剧之势，水土流失量大面广，草原退化，生物多样性遭到破坏。能源消费增长给生态环境保护带来巨大的压力，甚至关系到国家和民族的生存与发展。我国能源资源利用效率较低，节约潜力巨大。改革开放以来，我国能源资源利用效率有所提高，但与世界先进水平相比仍存在较大差距。我国主要工业行业单位产出能耗等消耗指标，与世界先进水平相比明显偏高；能源利用率、矿产资源总回收率、工业用水重复利用率等效率指标，与世界先进水平相比明显偏低，节约能源资源迫在眉睫。在上述社会背景下，在未来教室的设计和使用过程中，需要体现节约能源的理念，即要体现能耗绿色化的理念，发展教育的同时也坚持节约能源、保护环境的理念。能耗绿色化主要分为以下两个方面：

---

① 唐敏．节约能源的法理念与制度——解读修订后的《节约能源法》[J]．电力需求侧管理，2008（1）：7-10.

② 李祥建．节约能源资源建设节约型社会［J］．科协论坛，2007（2）：102-103.

第一个方面是从建筑设计的角度，提倡使用更多的清洁能源。清洁能源①是指包括其生产与消费在内的开发使用全过程中，具有先进转化利用效率和良好经济性、并对生态环境低污染或无污染的能源。它具体包含两方面的内容：一是可再生能源，消耗后可得到恢复补充，不产生或极少产生污染物，如太阳能、风能、生物能、水能等；二是在生产及消费过程中尽可能减少对生态环境的污染，包括使用低污染的化石能源（如天然气等）和利用清洁能源技术处理过的化石能源（如洁净煤）等。使用清洁能源是我国可持续发展的重要举措，尤其在保障能源安全、调整能源结构、促进节能减排等方面具有重要作用②。

另一个方面是通过管控教育场景中耗电设备的运行情况，以达到更好节约用电的目的，从而达到节能减排的目标。比如，未来教室可装上智能空调，它可自动感应天气的变化，将室内温度控制在一个合适的范围，给学习者带来舒适的感受。智能空调借助太阳能供电，也节约了电能，很好地体现了节约能源的思想。

能耗绿色化对于教育场景还有更重要的作用。学校是培养学生行为习惯的重要场所，良好的校园文化环境对学生行为习惯的养成具有潜移默化的作用，尤其是对于中小学生，未来教室中的能耗绿色化理念可以增强学习者节约能源的意识。如果学习者长期在这种情境下学习，就会养成节约能源的好习惯，这样教师不需要额外地教导他们如何节约能源，如何保护环境，因为他们一直生活在这样的环境中，通过耳濡目染会自觉形成这种意识。教育中拥有这种理念，对于国家的发展具有十分重要的意义。

---

① 张玉卓．中国清洁能源的战略研究及发展对策［J］．中国科学院院刊，2014（4）：429-436.

② 舒畅．关于我国清洁能源发展相关问题的探讨［J］．能源技术经济，2011，23（9）：21-23.

第五章

课堂教学模式创新

环境创新的根本目的在于服务于教和学，这也是教育信息化工作的出发点和落脚点。因此，从创新的角度和产业的角度来说，为了更好地服务于教和学，应该注重环境创新；但是从应用的角度和服务于教育的角度来说，更应该注重教学模式的创新。也就是说，基于这样的环境如何开展教学，是我们关注的一个焦点问题。在信息化环境如智慧教室、智能教室、未来教室中，如何开展教学模式的创新？这是一个正在发展演变的议题，没有定论。因此，本章结合一些探索与实践，尝试着给出四个方面的思考视角，思考在这些方面能够做什么样的实践与拓展。

第一节 主客体的变化

在课堂教学过程中，无论教师采取何种教学模式，首先要考虑的是学习主体或教学对象，即学生。学生作为教学的直接参与者，在教学中所处的状态和位置，对教学效果的影响是巨大的。

传统的课堂教学中以应试为导向，以成绩论“英雄”，考试成绩是评价学生优劣的唯一标准。相应地，只要教师所教的学生能考出好成绩，那就是好教师。教师处于教学的主体地位，学生处于客体地位。于是，课堂教学就完全演变成教师单一讲授知识、学生被动地接受知识的模式，简而言之就是一种灌输式的课堂教学，学生听课漫不经心成为常态。听教师讲课，完全处于被动接受知识的状态。美国缅因州国家训练实验室的研究成果——“学习金字塔”表明，“听讲”的学习方式效率是最低的，两周以后，之前学习的内容在头脑中只能留下5%，其效果远低于其他的学习方式（阅读、声音、图片、示范、小组讨论、做中学）。爱德加·戴尔（Edgar Dale）认为，学习分为被动学习和主动学习，被动学习是指完完全全地由外人供给知识，自己只是负责接收信息，而主动学习除了需要自己吸收之外，还要通过自己让别人也知道这些知识。从前人的研究中可以发现，由自己吸收之后，再将自己获得的知识传授给别人，使用这种方式记忆的知识是比较多的。因此，主动学习的学习效果比被动学习要好。

此外，由于教学信息来源的单一性，学生除了听教师讲授之外没有其他获取知识的渠道，教师的权威性与主体性得到进一步的巩固与深化。在这种教学模式中，学习者死记硬背、生搬硬套，学习的知识相对死板，这严重制约了学生的全面发展。

随着时代的发展，现在的学生与以前的学生存在明显差异。以前在学校里，有着几个年级差距的学生才会产生代沟，但是在日新月异的现在，同一年级的学生之间都会产生代沟，不同年级的学生之间差异更大。造成这种差异的原因主要有两点：第一，中国的经济在快速发展，国民生活水平得到了极大的改善，生活质量不断提升，然而，由于一段时间里计划生育政策的实施，多数家庭都只有一个孩子，这使得家中长辈对孩子更加疼爱，有的甚至是溺爱，孩子集所有宠爱于一身，受到的关注过多，造成现在的一些孩子相对于以前的孩子较自私、任性，在这种背景下，孩子的成长便与以前不再一样，他们在学习上更多地强调自己的意愿，长辈们往往也不阻止，孩子的天性被释放出来了，孩子们的差异自然就越来越大；第二，科技不断地进步，现代化的技术及设备正在快速地融入人们的日常生活，对学生的成长产生了巨大的冲击，以前的学生，只有通过自己看到或者是听到老师、父母等的讲述了解信息，信息的来源和范围都比较狭小，而现在的学生能够接触到的信息来源越来越多，寻找信息的能力远远超过从前。孩子们可以随时随地通过各种方式借助互联网获取丰富的信息，想要了解什么，只要在网上查找，应有尽有。因此，现在的学生知道得多了，明白得多了，想的也多了，思想自然也与以前不同，所以说现在的学生和以前的学生相比变化是巨大的。同时，由于个体的差异，他们在接受外界信息时，对各种信息的喜好厌恶各不一样，表现在个体上的差异也越来越大。因此，环境因素的改变，促使他们的思维更加活跃，主观能动性加强，同时也需要更灵活的学习方式来适应这种变化。

在日新月异的现代社会中，科技进步促使人们掌握新的技能，经济发展需要人们提高经济意识，文化变迁要求人们开阔国际视野，学会跨文化思考。外界的客观事物总是处于不断变化之中；时代的变迁总会赋予教育各种不同的挑战，并对人的素养提出新的要求①。简而言之，当今世界对人才的要求更高，新世纪的人才需要具备自主学习的能力、主动探索的精神以及创新的思维。传统的以教师为主体的教学模式已经无法满足学生和时代的需要，因此，需要改变传统教学模式中以教师为主

① 师曼，刘晟，刘霞，周平艳，陈有义，刘坚，魏锐. 21世纪核心素养的框架及要素研究 [J]. 华东师范大学学报（教育科学版），2016（3）：36.

体的教学方式，而学生则从客体变为主体，在学习中充分发挥主观能动性，提升自主学习的能力及探索创新的精神。只有以学生为主体来开展教学，在教学中充分发挥学生的主体性，才能培养学生的自主学习能力及创造力，展现出他们的个性天赋，更好地适应社会的需求。主客体的变化不仅仅是角色的变化，它更强调思想意识上的改变和教学方式的转变。改变传统的教学观念和教学方式并不是一件简单的事。当今人们很乐意接受学生为主体的教学模式，但是在具体的教学实践中，往往没有真正落实。对于教师而言，如何才能改变自己的心态以及教学模式，真正发挥学生的主体地位？这就要求教师把教学活动看作是在自己的引导下，学生主动发现问题、解决问题的过程，教师在教学过程中由课堂的控制者转变为课堂的组织者和引导者，这是主客体转变过程中最重要的环节。教师由掌控者变为引导者，会促使学生向主体转变，两者的相互作用会使双方都受到启发，从而达到双赢。

无论我们开展怎样的教学活动，授课的目的在于把知识有效地传授给学生，或者将正确的理念和道德品质等教授给学生。然而，开展教学活动容易，但要想有效地开展所有的教学活动，就不是件容易的事情了。随着教育改革的推进，尤其是在建构主义理论的指导下，以活动为中心的活动教学法逐渐成为课堂教学的主流。活动作为教学过程的主要载体，其最终目的在于培养有主体性的人。而信息化环境下学习活动的方式主要包括学习者与资源或工具的互动、学习者与学习群体的互动。①

为了更好地设计教学活动，达成教学目标，教师首先需要对教学的主体进行充分的了解，即进行有效的学习者分析，进而针对他们的特征开展教学活动。但是，传统的教学经常忽略了这一点。传统的教学活动主要指教师的备课，这种教学活动有其局限性，教师通常为一届学生备课，以后所有的学生都按照原先已备好的课继续上课。而且，大部分内容都是凭教师的个人经验和意向决定的，教师认为应该如何讲授，就按照自己的想法去实施，将自己的想法放在第一位。譬如，教师按照自己

① 谢幼如. 教学设计原理与方法［M］. 北京：高等教育出版社，2016（2）：133.

的经验备课，确定上课的内容，课前并没有与学生进行充分沟通，也没有对学习者进行分析，主观地认为所有的学生都能从中获取知识。然而，教学效果与主观想法有很大差距。随着学生这一教学主体的不断变化，教师要想发挥一节课的最大效度，掌握每名学生的实际情况是必要的。如果你想成为一名卓越的教师，一名塑造人类灵魂的工程师，那么你就应该有如此的追求。在每个人的学习生涯中，都会碰到一位或者若干位好老师，每个人心里对老师都有一个衡量标准，为什么某个老师在你的心目中留下了深刻的印象？因为他在某个方面打动了你，给你留下了深刻的印象。所以本章所说的教学活动和传统的教学活动是不一样的，不一样的地方在于，在设计教学活动前，先要深入了解教学主体。比如现在的评课，专家是依据哪些标准进行评课的呢？其依据是教师讲的内容是否符合专家的认知，教学内容的设计是否吸引人，教学内容的展开是否合适，所用课件是否足够吸引人，等等，评课主要是根据这些方面给出分数或等级，如优秀、良好。但是这种评课方式需要以辩证的眼光来看，专家是依据某些规则评判一堂课的优劣，这肯定有一定的道理，但是这种评判方式并非完全合理。评价一节课或者一个老师的授课是否优秀，其实只有一个标准，即学生对该节课的评判，因为学生是教学的直接参与者，所有的教学都是为了让学生最大限度地获得知识，因此首先要问学生是否听懂了、对所讲的内容是否掌握了、之前是否听过类似的课，如果听过，那么哪个老师讲得好，这才是唯一客观的评判标准。但是在教学中许多教师往往忽视了教学的根本目的，而去追求一些片面的东西。只有对教学对象有深入的了解，教师才能在课堂上更好地引导学生，能够和学生进行有效的互动。因此，在开展课堂教学创新的时候，不能脱离教学对象。

第二节　教学的新设计——学生中心化

当代美国著名教育心理学家、教育媒体理论家和培训专家鲁思·克拉克（Ruth Clark）教授认为，互联网并没有在教学中表现出技术上的显著优势，基于技术的学习屡屡受挫，导致人们放弃了以技术为中心的教学方法而转向以学生为中心的教学方法。人们逐渐意识到促进学习的并不是媒体，而是课程的设计和教学方法的应用。以学习者为中心的教育理念提示课程设计者要按照人类学习的认知规律来设计课程而不是只关注媒体本身①。学生中心化即从某种角度强调了教学设计的重要性，它决定了学习者是否拥有高质量的学习。

教学设计是以教学理论为基础，针对学习者的特征，将教学内容和教学资源组织起来，设计教学活动和学习环境，支持学习者有效达成学习目标的系统活动。教学设计以解决实际的教学问题为目标，是连接教学理论与教学实践的桥梁②。赖格卢斯（Charles M. Reigeluth）等众多学者明确指出，教学设计是理论与实践之间的联系科学，它的首要目的是规定最佳教学方法。作为一种知识实体，教学设计旨在探寻达到教学成果最优化的教学行为，因此，教学设计主要是一门关于提出最优教学方法处方的学科，是为如何更好地帮助人的学习与发展提供清晰指南的一套理论体系③。一堂好课，就像一个情节曲折动人的故事，上完课后，学生会有恍然大悟的感觉，对知识结构的认识更加清晰，而要达到这个目的，教学设计是必不可少的。目前在国内，教学设计在基础教育

---

① 郑彬，盛群力．网络课程及其有效设计的六项原则——e-learning 国际著名专家克拉克与梅耶的观点综述［J］．远程教育杂志，2006（3）：14．

② 钟晓流，宋述强，焦丽珍．信息化环境中基于翻转课堂理念的教学设计研究［J］．开放教育研究，2013，19（1）：58-64．

③ （荷）戴克斯特拉，等，著．任友群，郑太年，主译．教学设计的国际观（第2册）：解决教学设计问题［M］．北京：教育科学出版社，2007（1）：13．

中备受重视，但是在高等教育中，教学设计的环节却被忽视了。很多教师可能对自身的专业知识及其所专注的领域有透彻的了解和深入的研究，但并不意味着在没有相应的教学设计的情况下，他们就能把课上好，也并不代表他们一定能把知识有效地传授给学生。在促进教师专业化发展的道路上，除重视专业热诚和专业素养外，高校仍要大力提高教师的教学设计能力。正如L·迪·芬克（L. D. Fink）所说，教师缺少课程设计方面的知识是制约高等教育教学质量提高的最大瓶颈。对大学教学管理部门和教师发展部门来说，除了继续推进重奖杰出教师、评选优秀教师、提高教师教学工作业绩津贴等外，需要将更多精力放在提高全体教师的教学设计能力上，这也是题中应有之义①。

教学设计能力的提高，需要经过严格的训练及专门的培训。在国外，从硕士阶段才开始培养教师，本科阶段只是开展各个专业的学习，学习相应的专业知识，增强文化素养。然而，在国内，师范类院校从本科开始就进行教师素养的培养。同时，比较国内外对教师的培养模式，可以看出国内对教师的培养缺乏对教学设计的重视。已经从事或将要从事教师工作的人们，都要注重教学设计在教学过程中的重要作用。它是教学的基础，没有好的教学设计，课堂教学便缺乏一定的支撑，没有系统性。就如开发一个系统或者建一座高楼，在教学中进行教学设计就如同做系统中的底层设计，建设高楼的地基框，它引领并指引着教学过程。教学设计的重要性显而易见，它描绘了教学活动的蓝图，使教学活动有序、高效地进行，避免了教学活动中的组织松散、重难点不突出等现象，以及理论与实际脱节的问题，教学设计的好坏从根本上决定了教学质量的优劣、教学成果的好坏。

在关注教学设计重要性的同时，需要深入思考以下两点。第一，从思想意识上改变传统的主客体观念，即由教师主体转变为学生主体、教师主导。切实关注授课的对象，关注学生，深入了解学生的学习风格、学习动机、认知结构和起点能力等个性化特征，有针对性地做最优的教

---

① 盛群力，钟丽佳，张玉梅．大学教师教学设计能力知多少？——高校教师教学设计能力调查［J］．开放教育研究，2015（4）：48.

学设计方案，设计最优化的教学活动。第二，重视教学设计的各个环节。教学设计的过程实际上是一个深度且系统思考的过程。在思考的过程中，需要重视前端分析中学习者特征的分析、教学内容及教学环境的分析、教学目标及教学重难点的分析，还要进行教学过程、教学评价等方面的分析。教育实践是一个系统性的工程，包括公共教育系统、高等教育系统、企业培训系统、非正式学习系统等，而教学设计理论就是为指导教育实践而存在的，因此它本质上也具有复杂性与系统性。无论是著名的迪克—凯瑞系统教学设计模式，还是肯普模式、史密斯—雷根模式，多数教学设计模式都具有相似的成分，只是在阶段的具体数目及其图形表征上有较大变化。教学系统设计过程的最基本模式包括五个阶段：分析（Analysis）、设计（Design）、开发（Develop）、实施（Implement）、评价（Evaluate），取这五个构成成分的首字母而将其称为教学设计的 ADDIE 模型①。在进行教学设计时抓住这五个核心要素，深度分析、系统思考就可以高效完成教育实践的育人目标。

一、教学新设计之面向空间

不论采用哪种教学方式与策略，不论课程改革发展到什么程度，目前普遍采用的教学设计方式基本上都是一致的。以一个常态化课堂教学的教学设计为例，教学设计基本局限于一堂课的 40～50 分钟范围内，教学流程是：首先设计一个“破冰”的方法，讲概念、讲例题或者讲案例，然后进行教学互动，辅以练习巩固，布置作业，提升拓展。由此可见，现有的教学设计理念都被局限在课堂教学这一时间段里，局限在教室这样一个具象的物理空间中。

随着信息时代的到来，信息技术和教育的结合为教学场景的拓展带来了无限可能。教学工作者将物理空间和虚拟空间结合，形成新的、突破时空的教学空间和学习场所。这种空间既可以是物理的空间，也可以

---

① （美）加涅，等，著．王小明，等，译．教学设计原理（第五版）[M]．上海：华东师范大学出版社，2007（6）：21.

是虚拟的空间。随之而来的教学设计要面向新的教学空间，以新的教育教学理念为指导。在新的教学场景中，教学设计需要摆脱物理空间的束缚，在虚拟空间中进行放大。在这种场景下的教学设计不再局限于课堂上的某一个活动环节。新的课堂上，无论是运用导学案进行教学，还是进行翻转课堂教学，教师的首要任务是考虑清楚在这一章、这一节讲授某个知识点内容的时候，应如何设计教学活动。

例如，利用翻转课堂模式进行授课，教师首先需要根据知识点类型决定，是否需要在课前进行自主学习，这个没有定式，可以一开始就翻转，同样可以不翻转，具体要根据教师在教学设计时的各种前端分析的结论来设计。例如，在高中政治课中某老师利用微课进行教学，课程主题是《关于世界观的学说——哲学是系统理论化的世界观》，在 45 分钟的课上老师播放了 7 段微视频，其中 2 段是补充的生活中的案例，5 段是教师对基本概念和理论的讲授和归纳。在上课的过程中老师不断地插播微视频，如对基本理论的分析，对知识的归纳概括，都是通过播放微视频来解决的。在播放微视频时，老师站在一边，与学生共同观看屏幕上的视频，听着自己讲解的声音，俨然成了旁观者①。显然，这位政治老师在教学设计的分析阶段没有做足功课。我们认为概念、理论本来就是很枯燥的内容，比较适合课前的翻转学习，课上则可以围绕概念进行一些教学活动。

另一方面，在前端分析的基础上，如果教师认为需要在课前进行翻转学习，那么课前的知识引导和微课视频便要设计得更有针对性，让学习者学习起来比较方便。同时，课前教学视频的长度应控制在学生注意力容易集中的时间范围内。另外，通过互联网向学生发布的教学视频应该具有暂停、回放、字幕定位、留言提问、关联推荐、嵌入练习等多种功能，便于学生自主控制，有利于他们的自主学习。这样的课前翻转设计才能够调动学习者的主动性，激发其学习兴趣。

课前学生的自学行为一般被称为知识的第一次内化。在翻转课堂的

---

① 王秋月."慕课""微课"与"翻转课堂"的实质及其应用［J］.上海教育科研，2014（8）：17.

课中是不是要设立特定的场景？是否需要建立一个基于教室这一物理空间的场景？这需要根据教学设计的方案来决策。即使在常规物理空间的教室中就能达成教学目标，收到预期的学习效果，也依然需要根据学习的内容进行一定程度的调整。

在课堂上学生可能提出各种教师未能预知的问题，这些问题应该怎么处理？在面向空间的教学模式下，最好的解决方法是将这些问题收集起来。不论是教室这一物理空间，又或者是网络空间，课前将所提的问题全部收集起来，交由学生进行讨论、互动，提高他们解决问题的能力，甚至可以通过分组竞赛的方式提高他们的积极性，同时他们也可以借用虚实空间结合的优势寻求帮助。例如，利用网络直播平台将多个不同空间的学习者和教授者连接起来，实现学习问题的场外求助、专家问答和互动交流。另外，随着技术的发展与完善，虚拟现实技术在教育领域中的应用日趋广泛。作为一种由交互式计算机仿真组成的媒体，它能够感知参与者的位置和动作，替代或者增强一种或多种感官反馈，从而产生一种沉浸于仿真环境（虚拟世界）中的感觉。

是否所有知识点都要在课堂上讲解？是否所有的教学环节都要在课堂上开展呢？可不可以换一种方式？答案是肯定的。翻转课堂强调的是教和学之间的结构发生本质的变化，那么教师看待问题的角度也要发生变化，讲解得再好也不如学生通过自己的努力找到解决的方法。因此，教师可以采用相关的微型教学视频进行知识的引导，启发、诱导学习者自主解决问题。有的教师会质疑，课堂上是不是一定要做各种巩固练习题？在考虑这个问题时需要根据教学空间进行适当的安排，记忆、复述型的问题可以放在家中的自主环节或者放在网络上由机器去快速评判给出反馈，而综合、探究、创造型的问题则放到物理空间课堂上通过合作学习等方式解决。简而言之，既可以练习，也可以不练习，判断的标准源自科学合理的教学设计。这里还有一个疑问：课后的家庭作业不布置可以吗？这个问题同样也需要根据课程整体的教学设计来回答。值得注意的是，课后的巩固提高练习的形式多种多样，可以是家庭作业，也可以是开放性的问题，让学生回到家里通过网络这一虚拟空间进行相关信息的搜寻、查看、分析，学习者通过思考寻得问题的答案，从而达到知识的巩固与提高。

以上问题是老师在面向新的教学空间进行教学设计时需要考虑的。只有做出合理的变化和安排，教学设计才能更加适配于新的教学空间。新的教学空间使得教学设计突破了物理空间的限制，不再局限于课堂的45分钟，这种教学设计能够尽可能地突破时空限制，提高课堂的效度。翻转课堂的设计是迈向全空间、全过程设计的第一步，目前，大家对翻转课堂的认识还比较模糊，例如，是不是每节课都需要翻转？答案也是仁者见仁，智者见智。正如上文所说，课程该翻转的时候就翻转，不该翻转的时候就不翻转。

再向广的方向延伸，教学的四个空间是学校（School）、网络（Online）、家庭（Family）、户外（Outdoor），简称SOFO。其中户外包含各种各样的场景，如科技馆、博物馆、公园，或者任何一个可以活动的地方，如图5-1所示。

图5-1 SOFO云端一体化教学环境

但如何将这些场景空间里的学习活动联系在一起，进而提高教学质量呢？《2014上海基础教育信息化进程蓝皮书》指出，云课堂就是无处不在的学习场。在1～2年内，随着移动设备的普及，无线网络环境的优化，云服务质量的提升，学习空间已不仅仅局限于课堂。学生逐渐意识到可以在任何时候和学习同伴保持连接，可以通过网络与更多的老师进行交流，可以获得更丰富的学习资源和学习工具。无论何时，身处何地，学生相互之间都可以保持沟通，深化交流，可以接触到一个更充盈的世界①。在学术研究上，“混合学习”的研究为多学习场景的串联提供了可行的思路。柯蒂斯·邦克（Curtis J. Bonk）曾在《混合学习手册》中对“混合学习”作过一个界定：面对面教学和计算机辅助在线学习的结合（a Combination of Face-to-Face Instruction with Online Learning）。“混合学习”的概念是在因特网出现之后才逐渐形成的，它所指的“混合”，在大多数人的意识里也是传统面对面教学和基于因特网的学习的混合②。

作为一名教师应该把教学思路打开。在信息化全面来临的今天，各项技术已经具备了基础的条件及性能。具体来说，随着信息技术水平的不断提升，信息出现大爆炸，信息的储备及其传播速度越来越快，根据1998年图灵奖获奖者杰姆·格雷（James Gray）提出的“新摩尔定律”：每18个月全球新增信息量是有计算机以来全部信息量的总和。我们可以将新摩尔定律同1439年前后古登堡发明印刷机时造成的信息爆炸作对比：1453～1503年，这50年间大约印刷了800万本书籍，比1200年之前君士坦丁堡建立以来整个欧洲所有手抄书还要多，即50年内欧洲的信息量增长了一倍；而现在的数据增长速度则是每18个月全球信息总量翻一番③。另外，根据我国教育信息化的战略部署，全国范围内已经初步形成了空间人人通、资源班班通。在以前没有实现空间人人通的情况下，这种信息量的存在是不具备条件的，而依靠一线教师及教育从业人员自身的力量去建设，从技术服务难度上来看是不现实的，也是不切实际的。然而，现在已经具备了这样的条件，在面向新的教学空间进行教学设计的时候，教师可以打开思路采取新的设计方法。而这

---

① 上海教育传媒智库. 迈向新学习时代——2014上海基础教育信息化进程蓝皮书［R］. 上海. 2014（5）.

② 詹泽慧，李晓华. 混合学习：定义、策略、现状与发展趋势——与美国印第安纳大学柯蒂斯·邦克教授的对话［J］. 中国电化教育，2009（12）：1.

③ 刘鹏，吴兆峰，胡谷雨. “新摩尔定律”深入分析大数据的时代来临［J］. 中国战略新产业，2015（7）：76.

种新旧教学设计理念的本质区别就在于是否突破45分钟常规课堂的物理时空，是否以一种更加开放的姿态去面对各种教学资源，包括互联网等虚拟资源。

如果能够结合新的教学空间开展教学设计，那么教学活动肯定会更有创新性和适应性。翻转课堂只是众多教学模式中的一种，还有更多的模式等待大家去创造、去挖掘。

二、教学新设计之面向学科

面向学科较容易理解，由于各个学科自身特点不同，在面对不同学科时需要不同的教学模式。譬如化学学科，它主要包含知识、思想和方法三个方面。其中，知识是基础，思想及方法则是在知识的基础上根据自身的认知，总结得到的属于自己的化学知识的精髓。思想给学生带来的是从化学视角认知世界，影响他们对世界的理解，让他们重新认识世界。方法则告诉学生通过怎样的操作或者途径来达到某个目标，增强学生的动手能力和创造性思维能力。因此教师教授化学学科并非仅仅教授化学知识，它同样能够影响学生对世界的认识，它带来的思想和方法可能成为学生今后认知物质和做判断的依据。对于学科教学而言，如何更好地让学生掌握不同学科的特性，理解学科的精髓，这是教学设计的目标，也是教学的目标。

下面就面向学科做一些探究和研讨，分享其中的一些观点。学科的授课要适合学科的独特性，不论从教学设计的层面，还是从教学活动展开的层面，最重要的就是要做到面向学科。譬如数学学科，建议老师使用好板书这个技能。当然，到底是用电子白板的板书还是传统黑板粉笔的板书，其实并不是很重要，对数学这门学科来说，课堂上老师其实希望学习者能跟着老师做笔记，因为做笔记的过程其实就是知识吸收内化的过程。另外，适当的题海战术也是适用于数学这一学科的，因为对于数学这样一门严谨的学科而言，各种概念的分类、定理的证明、公式法则的推导，都离不开严谨的逻辑推理，因此逻辑思维能力的训练对学好数学是不可或缺的。一般来说，逻辑思维能力越强的学生，其数学成绩越好，逻辑思维能力的加强能够促进数学知识的学习。根据数学学科的特性，我们可以得出学习数学知识需要强大的逻辑思维能力的结论。而在数学学科的学习过程中，进行不间断的做题训练，不仅有利于强化学生的逻辑思维能力，同时也能够提高学生的计算能力。同时，由于数学的各种概念、定理等都是经过严谨的逻辑推理得到的，具有固定性、唯一性，因此学生在不断练习的过程中，就能够逐渐固化自己的逻辑思维，进而形成严谨的思维方法和模式。

众所周知，计算能力也是数学学科的一个考察项，没有强大的计算能力，是不可能学好数学这门学科的，就像一个钓鱼的人没有钓竿而去钓鱼，就算是懂得钓鱼的技巧，也无法把鱼钓起来。同理，一个学生，就算数学基础知识学得再熟练，如果没有计算能力，就无法将最后的结果计算出来，这也是不行的，因此，计算能力对学好数学的重要性是不言而喻的。而高强度的做题训练对提高学生的计算能力是很有帮助的，所以，在数学的学习过程中，做题是必不可少的一个环节。随着信息技术的发展，越来越多的人提倡在数学教学中引入现代信息技术手段。然而，在一线的教学实践中，我们遗憾地看到很多失败的信息技术融合数学学科的教学设计。例如，有些老师将所有的公式用 PPT 课件的方式呈现，边放 PPT 边讲结果，这样的教学方便了教师，然而对于学生而言，效果一定是大打折扣的。对于学生而言，可能当时对讲述的知识点有印象，过后由于缺乏相对应的练习，知识没有得到巩固，不久就忘得一干二净，这样的结果也一定是和教师理想的教学效果背道而驰的。

美国教育和培训界有个著名的“学习金字塔”理论，它是美国缅因州国家训练室的研究成果①。这一理论用数字显示了采用不同的学习方式，学习者在两周后能记住的内容（平均学习保留率）有很大的不同。如图 5-2 可知，“听讲”即教师讲授，这是最常用的方式，而学习效率最低，两周后记住的内容仅有 5%。通过“阅读”、“声音/图片”、“示

① 杜英英. 运用学习金字塔理论提高生物课堂教学效率 [J]. 中学教学参考，2013 (2)：106.

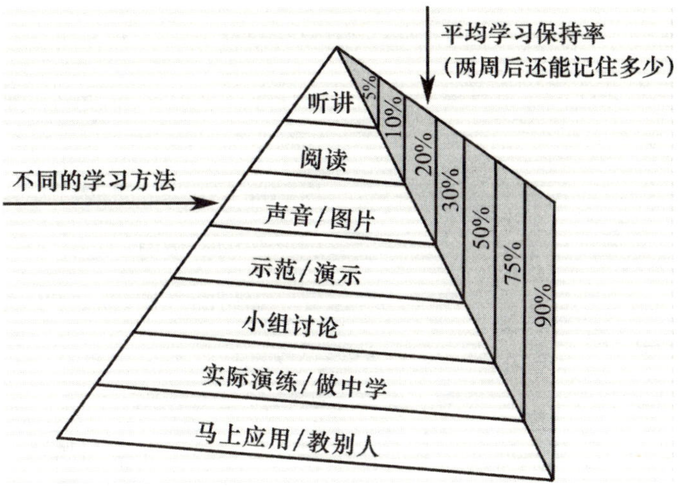

图 5-2　学习金字塔

范/演示”的方式分别记住了10%、20%和30%。这几种都属于个人学习或被动学习，学习者的学习效率较低。通过“小组讨论”的学习方式可记住50%，“实际演练/做中学”记住的内容达到75%。在塔基上的“马上应用/教别人”记住的内容达到90%。后面三种都是合作或参与式学习，学习者的学习效率比较高。从“学习金字塔”理论可以看出，采用传统的个人学习或被动学习方式，学习效率比较低，而合作或参与式学习的学习效率都比较高，因此，教师在教学过程中应选取有效的教学方式，将“学习金字塔”理论应用到教学活动中。比如在上高中英语单词复习课时，教师可以让学生自己在课前列出他们认为该单元比较重要的词汇及相关的用法，在上课时，找同学在黑板上写下他们所列的词汇并进行讲解，包括重点词汇的相关用法及典型例句，讲解结束后将学生分组，进行小组讨论，补充没有复习到的词汇和用法。这种“教别人”的学习方式，使学生两周后可以记住90%的学习内容。在数学教学中，在上“统计——从普查到抽样”这一章节时，教师可以先将学生分成若干小组，并布置不同的抽样调查问题，小组成员自主抽样调查、获取数据并进行分析，这样小组同学参与到实际演练中，在做中学，将达到一个比较好的学习效果。在高中政治教学中，教师通过研究近几年的高考试题及《考试说明》后面附的典型试题，找出其中的共性，在教学中根据教学的不同阶段，向学生展示不同数量的题目，如在讲解完重难点后附一组有共性但又有变化的题目让学生演练，让学生做到“马上应用”，加深学生的理解，提高学习效率。在地理教学讲述“印度”有关内容时，教师可以借助现代教学设备，把印度发生的如洪灾或旱灾的有关情境通过影像展示给学生。当学生看到这样的情境时，心中自然会产生疑问：印度处于一个什么样的地理位置？那里的气候怎么样？为什么会出现这种状况？这些问题会激发学生思考，这种通过声音或影像的学习方式，吸引了学生的注意力，提高了学生的学习效率。

知识建构是一个复杂的心理和生理过程，需要经过一系列的活动展开，在这一系列的活动过程中，心理和生理会产生复杂的反应，从而慢慢形成自身的知识建构。以数学学科为例，为了让学生更好地建构数学学科知识，笔者认为不论是课堂上的数学教学还是微课上的数学教学，板书和“题海战术”依然是数学学习的两大“法宝”，不可或缺。当然，学生现在可以通过网络获取更多的信息来辅助学习，从而提高学习效率，这就是面向学科。上述方法对数学学科而言是一种很好的面向学科的教学方法，能够让学生充分掌握数学学科的特性，即掌握好逻辑思维能力和计算能力。

历史学科就不能这样进行。历史教学主要包含三个层次：第一个层次是学生对历史基础知识的掌握；第二个层次是学生学会运用历史基础知识；第三个层次是学生历史思维能力的扩展。历史学习的重要性不言而喻，它能让学生了解历史的发展规律，让学生成为一个有思想、有觉悟的“明智”之人。通过上述对历史学科特点的分析，我们可以清晰地看到翻转课堂的特点是很适合历史这一学科的特性的，也就是说可以采用翻转课堂的方式进行历史课的授课。在课前，教师可以给学生以适当的引导，让学生通过网络去观看相关的视频音频资料，包括电视剧、电影、纪录片，等等。那么，在课堂上教师又该讲些什么呢？课堂上教师需要做的是收集同学们的问题，然后集思广益地进行探讨。以“抗日战争”这一课时为例，教师可以在上课前制作一段能激发学生学习兴趣、并引导学生进行学习的微视频给学生观看，视频资料可以是一部电影、一部电视剧的片段，也可以是一部回忆录，如与本节教学内容相关的《李宗仁回忆录》、《看看我军抗日老战士怎样对付日军的“高效作战”》等，同时教师在微课平台上提供相应史料资源。

同时，教师可以派发预先准备好的任务单给学生，任务单可以分为基础知识类和主题项目类两大类，如任务单一：通过阅读教材，梳理两大抗日战场、三大统治区域、三个发展阶段的基础知识，做一个时间轴，在时间轴上标注抗日战争中的重要事件；任务单二：借助微课视频，搜集相关资料，找出中日军队间的差距，等等。学生通过基础知识类任务单的完成可以加强对历史基础知识的学习及掌握，通过主题项目类任务单的完成则可以拓宽知识面，学会分析历史史实，以更好地掌握历史知识。在课堂教学中，教师组织学生协作学习，力求突破自主学习中的疑点问题及重点问题，通过小组合作、组间辩论、博物馆知识讲解等形式增加课堂学习的趣味性。对于学生通过自主学习依然无法解决的难点问题，教师在课堂中就要给予充分的讲解。学习过程结束后，学生应对该节课的内容进行总结并完成在线检测。只有通过这样的翻转，通过自主发现问题，讨论问题，到最后的解决问题，学生才能真正明白学习历史的意义：是为了更好地理解社会发展的历史轨迹和规律，更加理性地面对现在社会的各种各样的问题，了解如何让历史知识更好地服务于个人的成长，如何在历史的滚滚潮流中准确地定位，如何顺应时代潮流往前发展进步，等等。

以上对数学学科、历史学科教学设计的探讨是教学设计面向学科的一些例子。不论教学设计怎么变化，它都需要做到能够面向学科、适合学科的特性，这是教学设计不可缺失的部分。

所以，教师进行教学设计时一定要面向学科，不同的学科需要不同的学科工具和技术手段，比如数学学科，经常需要几何画板加以辅助，然而对于历史学科而言，几何画板就没有用武之地，而音视频资料却可以帮助学生了解到很多的知识，但这也只是教学设计中的一个层面。除了不同学科需要的学科工具、技术手段不一样之外，对于不同学科，教师所采取的教学模式也是不一样的，这个也需要教师根据学科的特点以及学生的情况来进行调整。总之，一定要结合学科实际以及学生的实际来考虑教学设计，不同的学科教学设计就会不一样。除此之外，要设计出具有创新性的教学设计，就要有创新的勇气和胆量，不可拘泥于现有的认知。

三、教学新设计之形成性评价

教学设计的第三个切入点，即过程性评价，也称为形成性评价。过程性评价是在学习过程中完成的、建构学习者学习活动价值的过程①。教学中的过程性评价一般是由教师评价、同学互评以及学生的自评组合而成的，是基于充分利用整个教学过程中产生的数据进行的有效的教学评价。教学设计不单是在一张纸上把所有的流程画出来，然后严格地按照这个流程进行操作，它应该是一个动态的、不断演化的过程。比如，教师如果决定将某节课的内容用翻转课堂的形式进行授课，那么首先就要要求学生做练习、要回答一些问题，教师再根据学生所达到的具体学习效果，灵活机动地安排这节课的内容。教师也许在备课中准备了某个问题，但在课堂上发现学生通过课前的自主学习已经很好地掌握了，那么教师就要改变自己的课程安排，而不是机械地按照先前的备课继续进行。教师授课结束后，可以通过练习或测试来获取学生知识掌握程度的相关数据，通过这些环节，教师对哪些知识学生掌握了，哪些还没有掌握就会了然于心，那些学生还没掌握的知识，可以在下一节课里进行补充讲解，以帮助学生最终完全掌握。这些都要依赖于过程性评价。

教师在教学中要善于收集数据、分析数据并充分运用数据，让教学过程和教学设计变成一个动态的过程。这种新的形式，以往是做不到的，或者说是比较滞后的。以往教师只能在周考或月考之后再来考虑是

---

① 谢同祥，李艺．过程性评价：关于学习过程价值的建构过程［J］．电化教育研究，2009（6）：17-20.

否需要调整自己的教学目标，比如周考之后，比对学生的考试成绩，如果发现上周讲的内容大部分学生都没搞懂，那么教师在本周可能就还要再讲一次，把后面所有的课时都相应顺延。但如果教师采用这种过程性的数据收集和分析，实时了解学生对知识的掌握程度，动态地改变自己的教学设计，那么教学效果肯定会更好、教学效率也会大大提高。

教师采用这种形成性评价的模式去教学，能够有效地帮助学生提高成绩，这一点是毋庸置疑的。另一方面，我们更希望它能够帮助教师将教学设计做得更好，能够让学生学得更快乐，让我们的教育目标实现得更圆满，而不仅仅是考出高分或者是取得好成绩这么简单。现在以及未来，进行形成性评价和利用这些过程性数据服务于教学设计，这样的教学方法可能会是一种常态，而且会有各种各样的教育产品来提供相应的服务。

第三节　教学的新模式——学习流程的柔性化

所谓新的教学模式就是基于不同的教学模式，面向空间、面向学科，充分利用教学数据，进行各种各样的教学设计，如MOOC、翻转课堂等，教师可以把原有的教学模式重新组合，从而形成适应时代发展的新的教学模式。现在的教学模式还是课前、课中、课后三个环节，以后就是课上和课下，甚至永远是课下，也即时时可学、处处可学。教学模式的不断改进与创新，就形成了学习流程的柔性化。

在《现代汉语词典》中“流程”被解释为：“水流的路程；工业品生产中从原料到制成品各项工序安排的程序。”在《牛津词典》中被解释为：“流程是指一个或一系列连续有规律的行动，这些行动以确定的方式发生或执行，导致特定结果的实现。”从词典对流程的解释可见，流程隐含了“流转”的意思，至少有两个活动才能进行流转，它呈现了从一个活动到另一个活动的动态性。

学习流程是指学习过程中为达到一定目的的一系列有规律的活动①。学习具有一定的规律性，学习流程的不同会产生不同的学习效果；同时，学习效果的不同又会影响学习流程，因此，学生的学习流程是提高学习效果的关键。现在学生的学习流程一般是课堂学习、练习、复习、评价等，按照这个固有的流程学习，并没有完全参照当前的学习内容及学习情况，有时会浪费学生宝贵的学习时间。因此，学生在学习时，需要具体问题具体对待，根据自己的学习情况和学习目标，选择合适的学习流程。

学习流程是对学生而言的，对教师而言就是教学流程。在以往的教学流程中，教师都有着固有的模式，如复习、引入、新课讲授、练习、

---

① 黄强. 学习流程优化：有效课堂的关键［J］. 基础教育参考，2015（7）：52-54.

总结等，教师在课堂上课时也是严格按着这个流程来进行的，日复一日年复一年地开展这样的教学活动。然而，随着信息技术的发展，教学设计中融入了越来越多的现代技术，教学逐渐突破了时间和空间的限制，教学流程也变得柔性化，不再是一个固有的模式。比如教师在应用翻转课堂进行教学设计的过程中，不一定要按固有的教学模式进行，可以根据教学内容、教学目标和教学对象的不同，适当调整课程教学，该翻转的时候就翻转，该在常规课堂上教学的就在常规课堂教学。在教学中有些知识不需要进行面对面的交流，线上就能给学生讲授，帮助学生解决问题等，教师可以根据具体问题具体对待，而不是按部就班，坚守一个固定的模式。甚至将来的学校是否有边界也尚未可知，比如北京几个学校共同发起实施的“国家基础教育资源共建共享联盟计划”（简称“资源联盟计划”），以加强远程教学管理和业务指导，促进学校之间相互合作、鼓励竞争，确保在“优质、精品、共建、共享”的原则下，通过组织开发、公开招标、引进购买等方式采集制作精品课程和特色资源，并将这些资源共享，向全社会推荐使用，提供给不同学校的学生学习。通过线上教学资源，学生既可以学习人大附中的课程，又可以学习清华附中的课程，还可以学习北大附中的课程。但是，并不是每一个学生都能这样做，不同的学生可能不一样，因此需要体现更多的个性化，更多的教学模式。这样才能真正实现教育的变革和教学的发展。

学习与教学都是有一定的规律、方法可循的。教师要让学生明白学习流程对学习效果的作用、意义，以帮助学生更好的学习。在教学中，教师要想做到将教学流程柔性化，首先需要明确本节课的教学目标，结合新课标及中高考的要求，综合考虑学生的学习情况，设置合理、明确的教学目标，有效地引导学生开展学习。在学生学习的过程中，要及时观察学生的学习情况，引导学生及时反馈对本节课的预习和学习情况，根据学生的反馈适时调整自己的教学流程。其次，教师在教学中要引导学生积极进行学习反思，包括对当前学习内容的掌握程度、是否能接受当前的教学方法、学习及教学中存在哪些问题等。学生是教学的直接参与者，他们直接接触教学，最有资格对教学提出问题，而教师则需要根据学生所提出的问题及时调整教学流程。

总之，教学流程的柔性化对提高教学效果有着至关重要的作用，良好的教学流程能帮助教师事半功倍地开展教学，能够帮助学生更快、更深刻地理解和掌握知识。随着教学要求的增多和教学水平的提高，这种柔性化的教学流程在未来的教学中一定能成为一种新的常态。好的教师一定能够把教学流程运用得炉火纯青，同时，优秀的教学流程也会促进学生的学习兴趣和学习效率的提高。

第四节 教师的新要求——角色转变

在新的教学模式当中，有个很突出的问题，就是教师角色怎么转变，这是个很大的问题，其实这个问题的解决说起来容易做起来难。大家都知道现在社会对教师的挑战是空前的，对教师能力的要求也很高。为什么现在许多教师趋于照本宣科，因为照本宣科是最容易的。一线教师身上承担着这个社会赋予的崇高的责任和义务，那就是为我们的国家、民族和人类社会的未来培养合格的人才。客观来说，教师是一个很辛苦的职业，面临着很多问题，诸如待遇问题、超负荷的工作量问题。相信随着国家经济的发展，教师的地位会越来越高，待遇也会越来越好。

在思考“教师教学创新能力提升”这个问题的时候，我们要从技术、学科知识和教学教法进行三位一体的考虑。我们以往都只是关注两个维度，现在我们需要把技术和学科综合起来进行考虑。教师教学创新应当具备全新知识，教学创新的贯彻、实施离不开教师，所以在推广、应用过程中，必须强调教师是教学改革的积极参与者、课堂教学的设计者和实施者，在教学过程中教师应起引导和监控作用。这种观点对教师教育和教师专业发展具有重要指导意义。教师教学创新是整合了三种知识要素以后形成的新知识，由于涉及的条件、因素较多，且彼此交互作用，因此不存在某一种适用于每一位教师、每一门课程或每一种教学观念的解决方案（即放之四海皆准的解决方案）；相反，这种解决方案只能依赖教师的认知灵活性，在三种知识的结合与交叉中去找寻。

今天，大学的课程论大部分都不能满足教育信息化的需求。因此，教师的角色涉及学科内容、教学法和技术三种知识要素，但并非这三种知识的简单组合或叠加，而是要将技术“整合”（即“融入”）到具体学科内容教学的教学法知识中去。这就意味着：教师教学创新不能单纯地强调技术，而应更多地关注信息技术环境下的“教与学理论及方法”。这就是为什么我们的教育信息化推行得那么艰难，或者效果不尽人意的原因所在。当大学老师去指导一线教学的时候，其实连他自己都不会做。他所有的理念都是舶来品，能满足时代发展需求的新的课程论知识少之又少，所以，一线教师不要指望某个教授或者导师给你一把金钥匙，帮你打开阿里巴巴的宝藏，让你取之不尽用之不竭，一切还需要自己去摸索。

余 论

未来的社会形态和今天不同，社会的人才需求也和今天不一样。美国“21世纪技能合作组织”（Partnership for 21st Century Skills，2007）提出的学习与创新、信息与媒体和技术、生活与职业这三类“21世纪技能”被认为是21世纪创新人才的核心素养①。技术还在不断地向前发展，我们该如何开展教育领域内的可行性创新？下面分享一下笔者对这个问题的观点与看法，希望对正在阅读本教材的读者有所启示。

① 林静．美国STEM教育质量评价新动向——NAEP技术与工程素养评价要点与启示［J］．华东师范大学学报（教育科学版），2017（1）：78-86，122．

第一节　学习情境：全空间、全场域

无论什么类型的学习，甚至学前教育（学前教育，我们也把它称为一种学习的形态，但是在国外，人们一般不太愿意把学前教育作为一种学习形态，他们认为学前教育是开心玩乐的过程），都离不开场景这一话题。任何一种学习、任何一种知识的建构都是在特定的场景中完成的。比如，面对面课堂教学、网络在线学习、与同伴互动交流、非正式学习等，都是在一个特定的场景中进行的。

那么，未来学习的场景会是什么样的呢？未来学习的场景可能既有相对独立的存在，又有各种因素充分交融在一起的形态，我们称之为全空间、全场域。在这种观点的指引下，在线学习和物理空间的课堂学习就应该是衔接在一起的。直到现在，我们在设计这种 O2O 混合学习的学习场景时，各种做法仍相对比较细分，相对比较独立、割裂，在未来可能不能够完全满足人才培养的基本需求。如果要达到更高效的学习、更好的知识建构的目的，就应当追求全空间、全场域的学习情境，这也是技术和教育面向全空间怎么融合的问题。这里面涉及怎么开展教学活动的问题，包括怎么进行教学设计，学习者怎么自我规划、自我组织、自我实施或者说自我满足学习需求，这实质上就是全空间、全场域的问题。我们要不断创新，尝试把各种学习情境无缝地衔接起来。针对不同的学龄段、不同的教育类型、不同的学习目标，从学习者的角度如何思考，从教师的角度如何思考，从教育管理者角度又如何思考，该如何面对这种全空间、全场域，对于所有的空间和场域又该如何管控，这些挑战是非常大的。

例如，关于物理空间的课堂，有专门的书论述如何管理课堂，它会告诉你怎样去引导学生，怎样去管控学生，怎样去组成一个高效的课堂。但是在全空间、全场域这种学习情境下，该如何去应对，这是技术和教育相结合进行创新时最重要的一个关注点。

学习无处不在，它可能发生在狭义的物理空间的课堂，也可能发生在虚拟的场景，任何学习发生的地方我们都认为它是课堂，只是课堂的形式不一样。众所周知，2007 年横空出世的可汗学院就曾被外界誉为一个老师的讲堂（目前可汗学院也与更多的教师合作），来自全世界成千上万的学习者在上面学习新的知识。

我们不要受制于常规思维中课堂的概念，而是需要打开思路，勇于创新，这是技术和教育相结合进行创新时要思考的第一个要点。这里面涉及的内容很多，比如博物馆、科技馆等为公共教育提供服务的地方，而即使只考虑学校场景，就有很多值得我们深入思考的问题。

第二节 学习者：全息认知、智能代理

考虑了学习的场景之后，再回到另外一个常常被关注的焦点——学习者。所有的教育活动都是以学生学习为中心，以学生本体为中心，那么，围绕学习者怎么样创新呢？我们可能有不同的教法，有不同的资源服务，有各种各样的科目。比如美国STEAM教育知名学者格雷特·亚克门（Georgette Yakman）教授认为，STEAM教育用跨学科的方法教授科学、技术、工程、艺术和数学方面的知识，引导学生适应不断更新的专业知识和快速变化的社会生活，其教育理念可以概括为：以数学为基础，通过工程和艺术解读科学和技术。STEAM教育支持学生以学科整合的方式认识世界，以综合创新的形式改造世界，培养他们解决问题的能力。STEAM教育以项目的学习、问题的学习为主要教学（学习）方式，引导学生通过合作与实践完成主题项目和解决生活中遇到的难题。作为一种超越传统的教育模式，STEAM教育缩小了学生现有知识技能与职业所需知识技能间的差距，提升了学生的就业竞争力①。简而言之，它是一种全新的方式，以项目和问题为导引，探究如何培养孩子综合运用各种知识的能力，培养孩子解决问题的能力和创新的能力。

当有形式多样的方式、方法、资源、内容、应用和服务提供给学习者的时候，我们要做的一项工作是如何让学习者去深刻地把握和观察。假设我们的应用、服务和教育教学方法足够先进，应用服务也非常丰富，那么首先要解决的一个根本问题就是对学习者本身的认识。只有在对学习者进行充分认识的基础之上，我们才有可能提供个性化的服务，才能满足学习者本身的需求，更好地服务于学习者的成长。这里面有两个概念，一个叫“全息认知”，一个叫“智能代理”。

---

① 赵慧臣，陆晓婷. 开展STEAM教育，提高学生创新能力——访美国STEAM教育知名学者格雷特·亚克门教授［J］. 开放教育研究，2016（10）：4-10.

全息认知中的“全息”就是全方位的意思，人都有多面性，但人的认识往往是非常片面的，包括对自身的认识。在特定的学习情境中，在特定的生活状态下，怎样认清学习者自身的特征，如何提供合适的资源和服务给学习者，如何采取有效措施来促进学习者更好地成长，这些都很重要。比如教育大数据，除了用于管理与决策之外，最大的一个功能就是帮助教师认识学习者。历次考试的成绩、每一道题目得分情况以及答题表现，都能诊断出学习者对于一门课或者说这门课的某个知识点的掌握情况，现在开发的学习分析系统就有此功能。但是这还远远不够，还仅是一个非常低的层次。

教学有三个层次。一个是知识与技能，这是各种各样的教育所追求的目标，大家都希望在考试中取得优异的成绩，这是教育的一个最基本的功能，即让学生掌握基本的知识和技能。还有一个更重要的层次，即过程与方法。在过程与方法中训练学生的思维，让学生发挥主观能动性，运用知识解决生活中、社会上的各种各样的问题。最后一个层次是情感态度与价值观。这个层次更高了，它包含了很多难以测量和难以在短时间内达成的目标，比如人文素养。总之，我们对于学习者的把握是非常重要的，没有对学习者的准确把握和刻画就谈不上智慧教育，谈不上个性化教育，谈不上因材施教。如何进行因材施教，如何把握学生的知识掌握情况以及心理、生理状况，这些都是我们面临的挑战。简单来看，对于知识与技能的层面，今天的技术是容易做到的，但从过程与方法、情感态度与价值观以及更大的范畴来说是很难的。怎样在不干预学习者的情况下获得这些数据，刻画学习者不同的侧面，这个问题目前来说还是有很大挑战的。

对学习者有了全方位的认识之后，我们就能为学习者提供“智能代理”。智能代理是建立在对学习者全息认知的基础之上的，它时时刻刻提醒学习者，为学习者提供建议和帮助，让其在学习的道路、生活的道路上走得更顺、更高效。对学习者没有很好的认识，后面的问题就很难解决。今天的在线教育还没有完全上升到这个层面，只是把传统的资源数字化，把传统的服务丰富化，并将其放在网上，使人人都可以更方便地获取以前难以获取的资源、服务等。比如，一个在乡镇中学读书的学生和在华中师大一附中读书的学生所接触的视野广度是完全不同的。今天，运用互联网手段可以让不同的学生享受一样的信息、一样的资源服务，这就有可能给乡镇中学的学生以公平的竞争机会。教育的目的是为了培养人，不论是用传统的方法还是现代的方法，或是通过各种各样的教育实践、实验，都是为了培养学习者，让他成才成人，这两者必须要兼顾。成才和成人的内涵是不一样的，因此对于学习者的关注，是我们教育创新或者说是教育与技术融合永恒的主题。怎样更好地把握学习者的特征，怎样培养更多的创新型人才，如何培养学习者的创新精神与创造力，需要教育工作者做很多的努力。从教育本质的角度出发，首要的任务就是全面准确地把握学习者的状态。

在日常教学中，如果教师能够非常准确地把握学习者的状态，那么所有教育实施的方式、方法和管理的形态都会发生变化，以学习者为中心，个性化的教学、个性化的服务都会自然发生。因为今天的教师没有办法完全获得对于每个学生的准确把握，所以只能按照某种大家公认的或者实践证明的比较有效的方式开展教学，包括纸质教材的使用等。

从这一点来看，现阶段的教育信息化还处于初级阶段，所有今天的工作都是为未来改革做准备。未来的教育，一定会超越我们今天的想象。

第三节　学习流程：柔性化

学习流程的柔性化也是技术与教育相结合进行创新时一个很重要的抓手。翻转课堂、MOOC、云课堂，包括利用博客的教与学的尝试基本上都可以归结为这一点，即变更传统的学习流程，或使之颠倒。可以看到今天教育创新中很多都与此相关，如翻转课堂、慕课、混合学习……多种技术为我们提供了多种可能，让我们可以做柔性化的教学实施。比如到科技馆、博物馆进行非正式学习，利用创客空间进行教学，在STEAM的环境下进行教学，等等，类似的方式给我们提供了很多选择。我们可以在组织教学过程时用个性化的方式和方法，可以在一门课的不同环节施展，也可以将整个学期的课都采取与以往不一样的方式。未来有很多更简便的方法使学生的成绩更上一层楼，但是最重要的还是培养真正具备创新思维的人，真正具有解决问题能力的人，真正开展创造创新的人。“柔性化”之所以再次被提出来，根本原因在于它是我们进行创新时一个很重要的抓手，也是我们思考时很重要的一个点。

在基础教育过程中，教师尤其重要，基础教育的质量是一个国家整体教育质量的保证。有一个很重要的问题值得我们思考：在信息化环境下，技术助力教育教学的未来需求上，教师应如何去定位自己的职业，教师要具备怎样的能力，何种素养才能够满足未来教育教学的需求。如果把这些问题考虑清楚了，将会对我们教育的改革、教育的发展大有裨益。在基础教育中，由于学生生理和心理的特点，他们不具备足够的自律性，教师还处于一个主导的位置。

第四节　教/学技能：综合化、科学化

下面介绍怎么样开展教育教学，怎么样让学生在掌握基本的知识和技能的前提下更好地解决问题，换言之，就是怎么样去训练和培养学生的思维能力。一些新的教育教学方法，比如以问题为导向、以项目为导向等都是各种各样创新的雏形。因为项目是综合性的，其中用到的知识可能不仅包含某一个学科的内容，也包含其他学科的内容。所以解决这个问题的时候就不能像解方程那样机械地去做，而是要运用所学习的知识去分析问题，比如采用建模方法等，学生的思维能力和创造力才能得以发挥。

不同的学龄段、不同层次的教育，教学设计的目标可能都不太一样，不要照搬一个模式，在这方面可以进行无限的探索与创造。小学该怎么教，初中和高中又该怎么实施授课，教师要根据不同年龄段学生的心理特点选择不同的授课方法。如在给低龄儿童授课的过程中，教师应该采取类似“寓教于乐”的授课方法，为整个课堂营造一种生动活泼的氛围，教师制作的课件可以是绚丽多彩的，也可以有针对性地带领学生玩些小游戏，激发学生的学习兴趣；而在给高中生授课的过程中，则偏向于引导学生如何解决较复杂的问题。

根据不同的学科特点，其授课方法也不同。语文、英语等学科，主要培养学生的感性认知，引导学生进行听、说、读、写，如英语课堂上教师应该有针对性地训练学生的口语表达等。而数学、物理、化学等学科，主要培养学生的逻辑思维，促使学生掌握方法、原理等，如在数学课堂上，教师可以让学生多做习题来帮助他们掌握数学原理。

再比如说制作一个机器人，中小学的教学目标可能是让学生学会做，但是高中阶段的教学目标就有可能是让学生自主探究一些原理或技术层面的东西，因为他已经比较全面地学习了相关的学科知识，如物理

的、数学的、化学的。所以，我们如何将技术融入到教学中，进行教与学的创新，这是值得深思的问题。在以往的教育教学模式下，即使教师想开展研究与探索，并且设计的方案非常完善，也没有条件去实施。现在在技术的助力下很多想法都可以实现，比如 STEAM 教育，将艺术也纳入到教育里面。从这方面来看，美国其实也很看重数学、物理这些基础学科，而在中国，我们实施的基础教育很好，但是学生的创新能力还达不到预设的要求。

以上是四个很重要的观察点，或者说是重要的思考点、切入点。从这四个方面我们去思考教育和技术的结合与创新，可能会更有启发意义。这四个方面中最主要的还是要设计一种新的学习方式。什么叫新的学习方式？不是简单的电子化。在数字化的不断渗透下，新的社会形态、组织形态、演化形态会不断形成，教育也需要在快速发展的技术助力下帮助我们创新学习方式。我们要坚信时代是在向前发展的，每一种社会形态都有它对应的社会子系统。在数字化时代我们要有数字化的学习方式，这种学习方式是什么？我们暂时还不明确，但是我们在朝这个目标前进。有一点是可以确定的，简单的电子化只是一个开始，是我们要经历的第一步，我们要在数字化的基础上去彻底改变它，或者说做得更好，或者说以前做不到的事情我们现在能做到。

第五节　目标：超越当下

要充分利用好两个东西，第一，技术红利。比如说 MOOC，它把以前只能针对特定少数人的课程瞬间推到全球，让全球所有愿意观看愿意学习的人都能够共享此课程，这就是技术带来的红利，而且它是免费的。这也就是我们经常讲的，要向互联网要生产力，向技术要效率。便捷的技术带给我们巨大的便利，同时它也不需要我们付出太多。

第二，技术赋权。什么是技术赋权？举个例子说明一下，现在是自媒体时代，国家、社会、民众之间的互动方式发生了改变，很小的一件事情可以在互联网上瞬间引起轩然大波。只要你不触犯法律，不触犯别人的利益，每个人都可以在互联网的世界自由地表达自己的想法。换言之，技术赋予教师、学生和教育管理者更多的主观能动性，要善于利用这些技术管控课堂、管控学生、管控教育体系。同时，要善于利用这些技术给受教者和施教者提供更多的便利，让他们做更多有益的事情，这就是技术赋予我们的主观能动性。在技术的助力下新的学习方式就有可能形成，但是这种形成不是一蹴而就的事情，教育体系新形态的形成一定有一个漫长的过程，它跟其他领域都不太一样。

第六节　方法：组合式创新

如何去进行创新，除了前面所说的五个点和我们的目标之外，还要有具体的合适的操作方法。具体的操作方法很简单，就是组合式创新。组合式创新类似于以前技术领域的集群创新，就是把技术与学科、教学法进行深度结合，即“MIX 创新＝技术 mix＋学科 mix＋教学法 mix”。

所谓的结合起来，不是简单的叠加，还需要有深度的思考。举个例子，学科有 STEAM 教育，把 Science、Technology 等多个学科结合起来；技术也是可以彼此结合的，比如创客，把机械集成制造技术，利用 3D 打印、AR/VR 等技术结合在一起设计一个创客空间，这也是技术的结合。当然最终落脚点要落到培养人的层面上，所以说它应该有相应的教学教法。

笔者认为在讨论教学教法的时候要结合具体的教育方式。我们以往讨论教学教法更多的是讨论传统的知识传授、技能掌握型的内容，此外还有一些创造性的内容，而如何打开思路进行创新，这是很独特也是很有挑战性的事情。反观国内的教育技术界，开展这方面的教学和研究，都没有达到创新的高度，只是简单地应用和尝试，距离创新还很远。开展研究也好，开发产品也好，提供服务也好，只要敢于想象，就会有非常广大的空间。为什么眼下非常看好在线教育，为什么在线教育的市场空间这么大？从宏观角度来看，各个国家都非常重视教育，因为教育是国家发展的重要基础，所有的问题最终都要落实到人。要是培养不出合适的人，一个国家、一个民族的发展就毫无希望。因此创新的施展空间、内在需求是巨大的，如果予以技术介入，这将蕴含着无限的可能，无论是研究的机会，还是创新创业的机会，或者其他的机会都将是无穷的。

第七节　未来：在远方

教育信息化这个领域是一个朝阳行业，教育的创新是一种刚性需求。2016 年凯文·凯利（Kevin Kelly）出了一本书——《必然》，这本书很有启发性，作者用十二个词具体阐述了技术的发展趋势。凯文·凯利一直以预测互联网发展趋势而著名，他比别人看得更深、更远。在这本书中，你能找到技术与产业结合的方方面面的东西，包括教育领域，如电子书等。

科研人员研发的很多产品，开展的很多一线教学的实践，其所有的思路都蕴含在以上这些内容中。为什么这么做？为什么要做未来教室？为什么要做实验区？为什么要开发这样或那样的系统？其根本出发点是为了满足教师的需求，满足教育管理者的需求，满足学习者的需求。除此之外，还有一个更重要的使命，那就是用教育与技术相结合去创新。很多时候教师并不清楚要往哪个方向走，教育管理者也不清楚技术还能做什么。未来的道路是什么？不知道！我们需要去探索，告诉外界未来可能往哪个方向走。也许走的道路不对，但是大的方向不会错。就如当年苹果公司发布 iPad 和 iPhone 的时候，市场上并没有任何东西可以参考，乔布斯觉得用户就需要这样的产品，他是在创造应用、创造产品、创造需求。笔者希望这本书能给大家奠定一个往前做深度研究或者发展个人事业的一个比较好的基础，能给大家提供些帮助和引导。